¿Cultura de innovación o de organización?

Una guía práctica para iniciar un cambio en la cultura de tu organización a través de la innovación.

Oscar Morán Montaño

Créditos

Tabla de contenido

INTRODUCCIÓN

CAPÍTULO 1

DESCUBRIENDO LA INNOVACIÓN

¿QUÉ SIGNIFICA INNOVAR?

INNOVACIÓN... ¿SOLO AL ALCANCE DE LOS GENIOS?

¿CUÁLES SON LAS EMPRESAS MÁS INNOVADORAS Y POR QUÉ LO SON?

Apple

Netflix

Google

Tesla motors

Amazon

LA INNOVACIÓN Y SU ÍNTIMA VINCULACIÓN CON EL ÉXITO ORGANIZACIONAL

CAPÍTULO 2

CULTURA Y VALORES

CULTURA ORGANIZACIONAL

¿QUÉ SIGNIFICA CULTURA ORGANIZACIONAL?

¿CÓMO DESARROLLAR CULTURA EN TU ORGANIZACIÓN?

10 PRÁCTICAS INFALIBLES PARA QUE CONSTRUYAS LA CULTURA QUE DESEAS EN TU ORGANIZACIÓN

Permítete hablar de lo negativo

Esfuérzate por reconocer y recompensar el esfuerzo de tu gente

Dale importancia a los pequeños detalles

Sé flexible

Una comunicación efectiva

La retroalimentación

Preocúpate por cultivar relaciones sólidas.

Promueve la autonomía

No aísles a tus colaboradores

Mantén siempre la transparencia

PROMUEVE UN BUEN AMBIENTE EN TUS EQUIPOS DE TRABAJO

LA CULTURA DEL ÉXITO EN LAS GRANDES EMPRESAS

La cultura organizacional en Google

La cultura organizacional en Amazon

La cultura organizacional en Coca-Cola

La cultura organizacional en Twitter

CAPÍTULO 3

ALINEANDO LA CULTURA Y MI ORGANIZACIÓN

¿CÓMO RECONOCER LA INNOVACIÓN EN TU COMPAÑÍA?

•¿Es importante la investigación para tu compañía?

•¿Castigas los fallos de tu equipo?

•¿En tu empresa solo se trabaja en el desarrollo de los productos?

•¿Existe una cultura de apertura al otro, de fluido intercambio de ideas?

•¿Todas las personas están involucradas en la visión organizacional?

MENOS PALABRAS, MÁS ACCIONES INNOVADORAS

SENTIRNOS SEGUROS PARA CRECER

CONVIÉRTETE EN UN HACKER CULTURAL

3 ERRORES QUE DEBES EVITAR EN TU HACKEO CULTURAL

Elegir una acción complicada

Elegir una acción que requiera aprobación externa de cualquier tipo

Utilizar el hackeo cultural para tus fines personales

CAPÍTULO 4

GUÍA Y CONCEPTOS PARA INICIAR

CONCEPTOS IMPRESCINDIBLES PARA LA TRANSFORMACIÓN QUE BUSCAS EN TU COMPAÑÍA

El patrocinador de tu iniciativa

Presenta la iniciativa y convence a muchas áreas

Metodologías de innovación

Programa de embajadores de innovación

Eventos y conferencias

Métricas claras

Expertos y asesores

Sesiones de pitch de nuevas ideas

Plataformas de gestión de ideas

Plan de acción

CAPÍTULO 5

ASUMAMOS EL RETO

TRUCOS INCREÍBLES PARA LOGRAR QUE LA CULTURA EN TU COMPAÑÍA SEA MÁS INNOVADORA

Caso 1

Caso 2

Caso 3

Caso 4

Caso 5

ACCIONES INNOVADORAS = CULTURA DE INNOVACIÓN

Recluta a colaboradores con potencial innovador

Utiliza nuevas formas de comunicarte

Crea espacios en tu empresa para el intercambio de ideas

Premia la creatividad

Lidera desde y con el ejemplo

EL ROL DE LA MENTALIDAD ESTRATÉGICA

CONCLUSIÓN

BIBLIOGRAFÍA

Prólogo

Mi nombre es Oscar Morán, soy Diseñador Industrial con maestría en Innovación de Productos, soy un apasionado por el emprendimiento y desarrollo de productos.

Desde hace un par de años trabajo en el área de innovación en una importante empresa departamental en México, desde mis inicios como profesionista y emprendedor he buscado agregar valor a los productos y servicios que he desarrollado, me permito experimentar constantemente y fallar en aras de aprender y construir ágilmente.

Estos últimos años estuve inmerso en un gran reto de investigación e implementación de actividades para promover la innovación en la cultura de una gran empresa.

Ahora busco compartir todo lo aprendido en ese camino y dar una guía de qué hacer y qué no hacer.

Estoy seguro que sin importar el tamaño en la empresa en la cual trabajes se te pide innovar o hacer cosas diferentes, sin embargo mucho de los habilitadores y mecanismos para lograrlo seguramente no se encuentran claros para alcanzar dicho fin.

Y es precisamente esa falta de claridad la que se pretende resolver en las siguientes páginas, sin importar tu nivel jerárquico en la organización en la que te encuentres sin duda este libro podrá ayudarte a comenzar un cambio en tu comportamiento y en la gente que te rodea.

Introducción

Para nadie es un secreto que vivimos tiempos complejos, basta con voltear a ver a nuestro alrededor para identificar lo que hemos cambiado en los últimos meses a consecuencia de la contingencia por Covid-19. Y es que cuando esta incertidumbre afecta significativamente a la actividad empresarial, es preciso entender todos los escenarios que pueden presentarse en el camino para fijar actividades focalizadas que reduzcan al mínimo el (siempre presente) impacto de los cambios en la actividad corporativa. Tener en consideración todos estos elementos, ampliamente estudiados a lo largo de las últimas décadas, es una forma de adelantarse a los acontecimientos que el camino al éxito trae consigo. Entendiendo, pues, que el conocimiento es el único poder que nos garantiza la consecución de nuestros objetivos, ¿por qué correr el riesgo de ir a la deriva?

La única forma de consolidar una cultura de innovación es a través de las acciones innovadoras de todos los que componen una empresa u organización. Son estas acciones las que han permitido que grandes individuos dejen una huella imborrable. Por fortuna, son cientos los ejemplos que pueden ser citados sobre cómo la práctica innovadora ha permitido que diversos líderes en el mundo entero hayan alcanzado sus propósitos más inmediatos, independientemente de la complejidad de estos.

El libro que hoy tienes entre tus manos surge de la necesidad por encontrar respuestas concisas a un tema se ha apoderado por completo de las mesas de debate más importantes en lo concerniente a la cuestión organizacional. Mi experiencia me ha llevado a concluir que no se debe buscar una cultura de innovación como tal, sino generar acciones que fortalezcan la cultura de tu organización (sin importar el tamaño) a través de ejercicios diarios de innovación. ¿De qué manera puede un líder influir en la acción innovadora de su equipo de trabajo? O, dicho de otro modo, ¿qué herramientas son vitales en dicho proceso? Estas son solo algunas de las preguntas que se responden a lo largo de las páginas que leerás a continuación.

La realidad objetiva y material en torno a nosotros nos ha enseñado que la innovación no es un mero accidente solo al alcance de unos pocos virtuosos. Es un enfoque que se basa en la diferenciación. En cuanto a las terminologías pertinentes para entender este tema con mayor facilidad, he dispuesto de un conjunto de subcapítulos donde el desarrollo amplio y oportuno de este tema se toma con la profundidad que nos exige. Tienes la oportunidad de crecer, de transformar las condiciones de tu organización si te lo propones. Esta posibilidad dependerá únicamente de tu compromiso con el éxito.

Como resultado de esta búsqueda inicial, y teniendo en cuenta parte de mi experiencia, he identificado algunos elementos secuenciales que determinan la relevancia de la innovación en los tiempos que corren. Primero, la efectividad con que esta promueve el desarrollo o la profesionalización de las personas involucradas; en segundo lugar, el inobjetable crecimiento de las organizaciones que han invertido distintos tipos de recursos en el desarrollo de una actitud innovadora de sus protagonistas, entendiendo que este es eje fundamental. En esencia, este libro va dirigido a aquellas personas que desean impulsar la innovación a través de procesos participativos. Asumiendo que, de esta manera, el éxito es una posibilidad palpable y no un destino borroso protagonizado por el azar que rige el día a día.

"Destinos borrosos", esta es una expresión que fundamentalmente habla de una nueva forma de ceguera que predomina en tiempos donde la inmediatez parece ser el único norte posible. Todos hemos caído alguna vez en esta inercia que nos propone el día a día. No es para preocuparse siempre y cuando te tomes el tema con toda la seriedad del caso. Me permito, en este sentido, trasladar esta expresión hacia uno de los fines propuestos con el desarrollo de este proyecto. Y es que, para aclarar, este libro no solo te será de gran utilidad en términos prácticos (aquí encontrarás una guía para la acción que te permitirá establecer una cultura fortalecida por acciones innovadoras en tu organización y obtener los resultados que tanto anhelas), sino que te enseñará todo lo relacionado a un tema que muchos desconocen o al que no se han querido acercar por *suponer* que se trata de un conjunto de teorías abstractas que nada tienen que ver con la realidad. Como escribiría Carlos Domingo en su libro *El viaje de la innovación*:

> La innovación es percibida por la mayoría de personas como una ciencia impenetrable que parece reservada a unos pocos privilegiados. Mucha gente cree que los innovadores nacen y no se hacen, que gente como Edison o más recientemente Steve Jobs tienen algún talento innato y que sólo personas como ellos pueden innovar con éxito.
>
> Sin embargo, yo creo que la innovación se puede hacer de forma sistemática y siguiendo un método. No hace falta ser Steve Jobs para innovar con éxito. Las cosas nunca funcionan como se ha previsto, en particular cuando estamos hablando de innovación que por definición supone riesgo e incertidumbre, pero siguiendo una serie de principios básicos y de metodología podemos evitar muchos errores.

¿Es posible desdibujar esas creencias equivocadas que muchas personas tienen en torno a la idea de la innovación? La verdad es que toda mitología puede ser derribada con un rápido golpe de método y práctica. Las distintas propuestas que encontrarás en los capítulos siguientes parten de la idea de que es posible cambiar para bien nuestra percepción de todas las ideas que, partiendo de la innovación como base absoluta, nos acercan al éxito. La acción, aquí, adquiere especial relevancia. Acciones innovadoras como camino y destino.

En cuanto a la estructura; este libro ha sido construido sobre 5 columnas que sostienen, a su vez, esta idea de la innovación como eje constructor de éxito.

En el primer capítulo, Descubriendo la innovación, conocerás todos los aspectos básicos de este concepto. Entenderás por qué esta se ha convertido en materia de estudio y desarrollo por parte de los grandes pensadores de la administración y la *cuestión organizacional* en los últimos años. Además, derribaremos algunos mitos asociados a la innovación exitosa. ¿Es realmente necesario ser un virtuoso en determinadas habilidades técnicas para construir una cultura de innovación, tanto en nosotros como en nuestro entorno? ¿La innovación es la consecuencia de una mente brillante o el resultado inmediato de *habilitar el proceso de innovación*? Estas preguntas serán respondidas y debidamente argumentadas a lo largo de estas páginas.

En el segundo capítulo, *Cultura y valores*, por su parte, se abordan las claves culturales del desarrollo, consideradas hoy como los motores del mismo desarrollo tanto en las teorías institucionalistas como en las definiciones del paradigma actual por excelencia. Extendiendo el proceso de aprendizaje, reestudiaremos conceptos esenciales tales como la cultura organizacional en el marco de un mundo globalizado. ¿Cómo se definen estos valores en una empresa? ¿Por qué el compromiso con la innovación es el único medio posible para alcanzar nuestros propósitos? Preguntas que, aunque de apariencia sencilla, contienen un trasfondo interesante para sentar bases sólidas que faciliten la comprensión integral del tema que aquí se trata.

El tercer capítulo, *Alineando la cultura y mi organización*, está dedicado a describir los entornos complejos, incluyendo todas esas imparcialidades y condicionamientos que nos permiten identificar si nos encontramos en un ambiente innovador. Es conveniente que cada cierto tiempo te preguntes si se te está exigiendo ser innovador, si tienes las actitudes idóneas para marcar diferencia frente a la competencia.

Es decir, al término de este capítulo sabrás identificar si existe una cultura que promueva la innovación en tu empresa, además de fijar preguntas relacionadas a tu propia posición dentro del entorno estudiado. Esto se debe a que muchas veces nos enfocamos en identificar, *verbalizar* y sacar conclusiones sobre la viabilidad de un plan de innovación sin que esto implique necesariamente una participación activa de nuestra parte. ¿Se me está pidiendo ser innovador? Esta es otra de las interrogantes que a menudo se agolpan en nosotros, tomándonos por sorpresa. Permítete plantearte todas las preguntas que creas conveniente para hacer un diagnóstico más preciso.

La buena noticia es que este capítulo, por su contenido y la naturaleza didáctica con que se construyó, promoverá en ti la necesidad no solo de identificar ausencias o brechas en la estructura de tu empresa (en términos de innovación), también el impulso genuino por tomar parte en el proceso. Otros conceptos importantísimos, de los que encontrarás información en esta parte, es la presencia de los hacks de innovación, ¿Qué son? ¿Cómo identificarlos? ¿Cómo aplicarlos de una forma focalizada y coherente? Conceptos, dicho sea de paso, que no tienen la resonancia que merecen pero que tú conocerás ampliamente al término de estos segmentos.

En el cuarto capítulo, *Guía y conceptos para empezar*, me permito doblar la apuesta. A esta altura del libro, tu conocimiento sobre todo lo relacionado con el concepto innovación será amplio. Ya entenderás su importancia en función de las condiciones materiales que te rodean; sabrás cómo identificar si tu empresa necesita cultura que promueva la innovación y si, en esencia, los factores tanto externos como internos te exigen innovar. Por lo tanto, estarás más que preparado para dar el siguiente paso, el salto a la práctica. Si tenemos en consideración que no se puede alcanzar ningún cambio sustentable sin la acción activa, es indiscutible que esta adquiere una relevancia medular en todos los procesos inherentes a la construcción de una cultura organizacional de innovación orgánica.

En este capítulo toda la atención se enfoca en facilitarte las herramientas técnicas y prácticas para que implementes los cambios que consideres necesarios una vez que hayas diagnosticado tanto tu situación en el entorno organizacional como la de la misma organización. Todas las metodologías y programas posibles estudiados en este capítulo son el resultado de años de estudio y de evidencia confirmada desde la práctica. Si algo me ha quedado claro, es que no importa cuán complejo resulte el diagnóstico inicial, siempre será posible implementar cambios estructurales que den un giro significativo en nuestras posibilidades de éxito.

En este sentido, instrumentos de aplicación como las plataformas de gestión de ideas, metodologías centradas en el usuario y ágiles, sesiones de pitch de ideas, la participación constante y estratégica de asesores especializados en innovación, son algunos de los muchos elementos estudiados en estas páginas. Todo, desde luego, con la finalidad de que cambies tus condiciones actuales a través de la puesta en marcha de la innovación. Entendiendo que esta posee una naturaleza bidireccional en nosotros, representando en la vida diaria una forma de causa y consecuencia que nos acercará a pasos agigantados al objetivo que nos hayamos trazado como individuos y organizaciones.

Pero, antes de dar inicio formal a esta lectura, ¿Qué te parece si hurgamos en lo que nos dice una de las autoridades más importantes en cuanto a innovación se refiere? Te hablo de Tom Kelly, quien en su libro *Las diez caras de la innovación* nos plantea lo siguiente:

> Cada vez hay más conciencia de que fomentar una cultura de la innovación es decisivo para lograr el éxito, tan importante como diseñar estrategias competitivas o mantener unos buenos márgenes. Un

estudio reciente llevado a cabo por The Boston Consulting Group, en casi cincuenta países y con todo tipo de negocios, concluyó que nueve de cada diez ejecutivos séniores creen que generar crecimiento a través de la innovación es esencial para el éxito de su compañía. Si antes las publicaciones económicas clasificaban las empresas según las ventas, el crecimiento y los beneficios, ahora se basan en su trayectoria en innovación. Y si las adquisiciones pueden generar sinergia, y las reestructuraciones son capaces de modernizar las operaciones, la cultura de la innovación podría ser el combustible definitivo del crecimiento a largo plazo y el desarrollo de la marca.

Capítulo 1

Descubriendo la innovación

La innovación como concepto-herramienta ha supuesto un verdadero rompimiento en la forma en que vemos el mundo. Independientemente de la profesión a la que te dediques, de tu situación personal, el tamaño de tu organización, emprendimiento o de tus propósitos como individuo, es necesario que te familiarices con una cultura que promueva la innovación en todos sus conceptos posibles. Los procesos de innovación son determinantes del crecimiento. Lo ideal es que las empresas fomenten por sí mismas (a través de sus líderes), las condiciones internas más idóneas para que esta característica deje de ser una consecuencia coaccionada para convertirse en el resultado lógico de una serie de acciones y comportamientos. A fin de cuentas, ¿qué organización no persigue la cima cómo norte definitivo? ¿Qué otro camino, además de la acción innovadora, nos diferencia del resto?

En este sentido, cada proceso debe ir orientado a alcanzar determinado objetivo mientras construye y consolida esta cultura a través de acciones precisas. Los gerentes de las grandes empresas que hoy son referencia inequívoca en el mundo han entendido esto mejor que nadie. No en vano se sigue reconocimiento el colosal legado que personas como Steve Jobs o Walt Disney dejaron en su paso por el mundo empresarial. Estos dos hombres, ineludiblemente creativos, vivieron sus vidas obsesionados (en el buen sentido de la palabra) con la idea de que se podía ofrecer un producto totalmente nuevo desde una perspectiva disruptiva, que supusiera un verdadero terremoto sobre las bases del tradicionalismo organizacional de su época.

A lo largo de las diversas páginas (subcapítulos, fragmentos, reflexiones y segmentos) contenidos en este capítulo entenderás de forma mucho más clara cuál es la relevancia de la innovación en el marco de la vida organizacional. *Descubriendo la innovación* es el capítulo-puerta más adecuado porque representa tu primer acercamiento hacia una forma de ver y entender tu entorno, que implicará en la optimización de recursos y, en consecuencia, en mejores resultados. Ahora bien, muchas veces la mejor forma de aprender es desechar las creencias erradas.

De acuerdo a esta premisa, he fijado un subcapítulo que aborda una serie de mitos importantes en relación a la innovación. Y es que, aunque no se mencione con la frecuencia que requiere, muchos de nuestros comportamientos frente al concepto *innovación* nacen de las creencias equivocadas, o prejuicios, que tenemos sobre el tema. Dicho de otra manera, a veces lo que nos impide crecer habita en nosotros mismos y no en las circunstancias externas.

Algunos de los subcapítulos que encontrarás a continuación son: *Innovación... ¿solo al alcance de los genios?*, *¿Cuáles son las empresas más innovadoras y por qué lo son?*, *La innovación y su íntima vinculación con el éxito organizacional*. Todos estos segmentos persiguen, en esencia, el mismo propósito: darte una base conceptual lo suficientemente estable como para que te permitas utilizar un nuevo lente mucho más funcional y acorde a los tiempos que corren.

La constante variabilidad de los mercados, la dinámica con que se mueven las preferencias del consumidor (sea cual fuere el producto o servicio), las subjetividades individuales que conforman un grupo de trabajo, son algunas de las métricas que se tienen que considerar al momento de llegar a un adecuado diagnóstico acerca de nosotros como individuos dentro de un entorno organizacional.

Los principios que rigen la educación administrativa de un individuo (tanto de un individuo *objetivo* como de una organización) han cambiado radicalmente en los últimos tiempos. La presencia de pensadores cada vez más comprometidos con el éxito organizacional ha llevado a entender la situación de las empresas *desde* sus individuos. Porque, en efecto, las personas son protagonistas en todos estos cambios. Son ellos quienes añaden innovaciones y valores a productos o procesos ya existentes. De manera que cada párrafo de este capítulo, al margen de sus características, aporta valor al hecho ineludible de que las personas conforman el verdadero núcleo de la innovación en las distintas esferas de la vida misma.

La buena noticia es que estas labores de estudio y práctica de la innovación como fundamento del triunfo se han venido desarrollando cada vez con más intensidad y se han proyectado hacia todas esas instituciones o entidades que de algún modo están vinculadas con la formación de las personas. Me refiero, pues, a universidades en sus distintos niveles académicos. Tal como lo establece Héctor Murcia Cabra, académico por la Universidad Santo Tomás, en Bogotá:

> El desarrollo de la actividad educativa contemporánea en todos los sectores económicos y sociales requiere de la consideración de nuevos modelos pedagógicos que tengan en cuenta los avances de la ciencia y de la tecnología y la formulación y aplicación de nuevos criterios y estrategias tanto para los estudiantes que se vinculan a los programas académicos como para quienes egresan de ellos, dentro del entorno que los rodea.
>
> En esencia, se buscan otras formas y escenarios de aprendizaje que favorezcan despertar iniciativas para futuro desempeño laboral por parte del alumno y para facilitar a un egresado su inserción en el mundo del trabajo.

El libro en el que hoy convergimos, y especialmente este capítulo, promueve las bases conceptuales necesarias. De allí la importancia de que te comprometas con tu propio proceso formativo. Esta es una palabra clave: compromiso. ¿Estás debidamente comprometido con la innovación dentro de tu organización? Por lo tanto, te invito a que profundices con todo el compromiso y la exigencia que te sean posibles en este capítulo. Al término, sentirás un verdadero cambio en tu comprensión de este tema que ha calado tan drásticamente en las últimas décadas en lo que concierne a la cultura dentro de la organización.

¿Qué significa innovar?

Si tuviéramos que utilizar una definición sencilla, podría decirse que innovar es *romper* con lo establecido para marcar diferencias claras frente a los otros elementos con los que interactuamos en el día a día. Si nos apegamos a la definición canónica del adverbio *innovar*, tendríamos que consultar lo que dice el Diccionario de la Real Academia española, que establece:

1. tr. Mudar o alterar algo, introduciendo novedades.

Innovar se ha vuelto una necesidad vital para las organizaciones. ¿Por qué? Para responder a esta interrogante hace falta considerar el contexto completo. La realidad actual supone, cada día, un verdadero desafío para las organizaciones, ya que estas en muchos casos están a merced de un sinfín de variables que pueden, o no, dar un golpe certero a las aspiraciones de una corporación tanto como a las de un individuo. Mucho tienen que ver, además, las crisis que la humanidad ha atravesado a lo largo de su muy variada historia. Crisis de diversas índoles que, sin duda, distorsionan cualquier condición o expectativa en el camino. Me refiero a crisis políticas, energéticas, financieras, sociales, ambientales y en estos momentos la crisis del Covid-19. ¿Qué empresa desde la más pequeña hasta la más grande no está pensando en maneras de innovar sus productos o servicios por la contingencia actual?

Ahora bien, ¿por qué la innovación ha pasado a ser *necesaria*? En primer lugar, porque solo a través de ella es posible crear oportunidades de progreso o diseñar nuevos caminos para llegar a este. Esta es una realidad que va más allá de escenarios y contextos. Quien hoy en día es conocido como el Coronal Sanders (fundador de la cadena Kentucky Fried Chicken, KFC) sintió en primera persona el crecimiento exponencial de su proyecto durante la época más dura que ha vivido el planeta Tierra hasta la fecha, la guerra mundial. El coronal Sanders, quien revolucionó la gastronomía popular con la incorporación de nuevas técnicas para preparar el pollo, hoy día es reconocido como uno de los casos de resiliencia, determinación e innovación más osados dentro de la historiografía empresarial.

Así como él, muchos son los casos de hombres y mujeres que tuvieron el valor y la autoconfianza suficientes para crear nuevas formas de negocio en medio de las adversidades más complejas que pudieras imaginar. Así mismo, la actualidad global ha exigido mayores niveles de innovación para las organizaciones en aras de subsistir. La presencia de una pandemia global como el Covid-19, por hablar de un ejemplo cercano, es una demostración bastante representativa de cómo las circunstancias pueden variar significativamente sin que nosotros tengamos algún tipo de responsabilidad en la misma. Y es esa misma responsabilidad que debemos tomar para encontrar alternativas innovadoras que nos permita generar soluciones a los problemas que enfrentemos.

Muchas empresas se han visto obligadas por este nuevo escenario a establecer no solo medidas relacionadas con la bioseguridad (tanto de sus clientes como de sus colaboradores más inmediatos) sino de modificar, parcial o totalmente, los productos y servicios ofrecidos a la vasta masa de consumidores. Esto, como puede intuirse, para mantenerse vigente en medio de una compleja situación que ha puesto en jaque a las economías más robustas del planeta Tierra.

La necesidad de innovación en el marco organizacional ha pasado a ser el tema focal en todos los debates que tienen como propósito aceptar, interpretar y elaborar propuestas que permitan a las grandes corporaciones alcanzar sus objetivos dentro de un mundo cambiante. De allí la importancia que este concepto ha adquirido en los últimos años en distintos escenarios del mundo organizacional. Si bien es cierto que la definición citada anteriormente es escueta, pues no contempla la vasta variabilidad de los escenarios en que nos situamos, sí es precisa como una referencia sólida de lo que implica la palabra innovar.

Y es que, contrario a lo que se creía décadas atrás, es improbable alcanzar el éxito cuando no nos comprometemos con una realidad que nos rodea y cuyas características son en absoluto innegables. Lo importante, pues, es no dar por hecho única una visión reduccionista de este tema. Los líderes organizacionales, por sí solos, no pueden llevar a cabo innovaciones totales, ellos necesitan del compromiso y la entrega de sus equipos de trabajo. Es por ello que una cultura que promueva la innovación se torna imprescindible en términos del trabajo en equipo y visión corporativa, y esta sólo se obtiene y consolida con acciones innovadoras en el quehacer diario. La responsabilidad de identificar objetivos y trazar planes de acción, como es de esperarse, recae en los líderes. Son ellos quienes tienen la capacidad de diagnosticar la situación de su organización para trazar acciones focalizadas que tengan por objeto cambiar la perspectiva de todos los individuos involucrados.

Ahora bien, cuando hablo de innovación no me refiero única y exclusivamente al impacto que esta tiene en *lo interior* de las organizaciones.

Diversos especialistas del campo han determinado que estos procesos de innovación (rompimiento, adaptación, construcción de procesos *desde* la cultura de innovación) también refieren un impacto directo o indirecto en la actividad del país donde se sitúan estos procesos. Esto se debe a que innovar significa, a su vez, destruir lo antiguo en detrimento de la constante construcción de nuevos modos y prácticas. Esta *destrucción creativa* (Shumpeter, 1942) permite a las empresas u organizaciones crear las condiciones necesarias para reforzar su adaptación frente a los sucesivos acontecimientos del acontecer diario. Una interesante reflexión sobre este concepto acuñado por el economista checo, surge del libro *Joseph Shumpeter, Innovación y destrucción*, de Thomas McCraw. A continuación, el ya fallecido historiador estadounidense nos da un ejemplo acerca del ideario de Shumpeter:

> Uno de los grandes temas de *Ciclos económicos* es la extremada dificultad de modificar formas tradicionales de hacer las cosas. En mayor medida que la mayoría de analistas, Schumpeter hacía hincapié en el hecho de que la parte destructiva de la destrucción creativa siempre ha sido muy real y subrayaba que aquellos cuyos intereses se están viendo destruidos lucharían con firmeza para preservar su cultura y su estatus. En Gran Bretaña y en cualquier otra parte, los artesanos de pequeña escala y sus gremios apreciaban más el lado artístico, comunitario y tradicional que los precios bajos, el incremento de la producción y la expansión de las exportaciones. Estas predilecciones habían existido desde hacía siglos y la única forma de cambiarlas era a través de una derrota económica arrolladora.

En síntesis, lo que la innovación promueve es una relación que funciona en ambos sentidos, y cuya efectividad solo se da en la medida en que las organizaciones (y quienes las conforman) se muestren siempre atentos y comprometidos con los acontecimientos externos. Y es que, como se puede inferir, no existe modo alguno en que una innovación se compruebe así misma que no sea a través de la comparación con aquello que sucede en su entorno inmediato. De otra manera, ¿cómo puedes saber si estás innovando o no si desconoces lo que sucede afuera, lo que hacen tus competidores inmediatos? La perpetuación de una visión de negocios es, a priori, una espada de Damocles que los líderes no pueden permitirse. Esto sería como arrojar la bandera blanca sin haber dado lucha.

La buena noticia es que la innovación ha estado en nosotros (como individuos y como organizaciones) desde los primeros días de la humanidad. Aunque en la mayoría de los casos estos procesos se llevaron a cabo de forma inconsciente, hoy disponemos de un sinfín de herramientas e instrumentos para racionalizar mucho mejor nuestra situación actual. Esto, en consecuencia, facilitará la implementación de nuevos procesos que nos acerquen al resultado tantas veces esperado.

Innovación... ¿solo al alcance de los genios?

Innovar es un proceso de cambio, de ruptura con las formas tradicionales de enfrentarse a un problema. Partiendo de esta premisa conviene hacerse las preguntas correctas, muchas de las cuales no necesariamente implican un desconocimiento del tema. Por ejemplo, durante mi experiencia profesional personas se me han acercado para conocer si hay una "clave" o secreto para ser un innovador). Y aunque muchas de estas personas manifestaron de antemano que no se creían capaces de innovar porque "no sabían cómo", guardo la certeza de que todos los seres humanos tenemos la capacidad de innovar en cualquier aspecto de la vida.

De hecho, en la actualidad no es sorpresa que las grandes innovaciones provengan de generaciones mucho más jóvenes que no han enfrentado acontecimientos radicalmente complejos como la guerra o una recesión económica. Porque, en esencia, la necesidad de innovar no surge de las dificultades del entorno sino de su variabilidad. Esto quiere decir que una estructura constantemente sujeta a cambios no implica, de forma absoluta, una situación traumática. Por ejemplo, el monstruoso crecimiento de las nuevas tecnologías ha representado para muchos líderes organizacionales una amenaza a su forma de ver el mundo, a su forma de practicar el negocio.

Las redes sociales, las plataformas digitales, los nuevos entornos que la tecnología pone a disposición de las organizaciones pueden ser tomada tanto como una amenaza como una oportunidad. Esto dependerá únicamente de la visión del líder de una organización, que tendrá la opción de sacar provecho a este cambio estructural o esperar con paciencia a que lo "conocido" retorne a su naturaleza habitual. Es aquí donde entran en juego los nuevos protagonistas del tablero; una generación que entiende perfectamente el funcionamiento de las nuevas tecnologías, lo que supone una ventaja significativa frente a las "viejas guardias". Esto es lo que Cristóbal Cobo define como "la cultura maker". En sus palabras:

> Los fabricantes o creadores digitales (digital makers) son mayoritariamente comunidades de jóvenes, aunque pueden ser de cualquier edad, que están "aprendiendo acerca de la tecnología al crear cosas con ella". El movimiento makers surge de la combinación del pensamiento computacional y la conformación de equipos informales de trabajo creativo, como los hackatón12 y de resolución de problemas que buscan explorar, ingeniar y diseñar ideas para crear nuevas tecnologías e implementar proyectos.

Las tecnologías digitales han cambiado muchos ámbitos de la sociedad. Es posible decir que nos encontramos en el ombligo de una nueva era donde la exigencia de innovar ha crecido exponencialmente para las organizacionales. En la actualidad, en esta era digital, es prácticamente imposible mantener viejos cánones de negocio que no vayan de la mano con una estructura de consumo que también ha sufrido grandes cambios. Hoy en día son pocas las personas que no hacen sus compras a través de internet, lo que sugiere que una organización que tenga como método de negocio la comercialización de un producto o idea requiere, sí o sí, adaptarse al mercado. Imagina el crecimiento exponencial de las compras en línea por la contingencia del Covid-19.

La idea de que se necesita ser un virtuoso para innovar queda totalmente anulada cuando conocemos casos de jóvenes adolescentes que han orientado sus (todavía perfectibles) conocimientos hacia la creación de un modelo innovador que se aleja diametralmente de cualquier otro modelo tradicionalista. En el marco de las organizaciones, esta es una realidad cada vez más presente. Las nuevas tecnologías son la punta del iceberg, pero es cada vez más indiscutible que independientemente del entorno o del ámbito que estudiemos, innovar se ha vuelto una tarea de vida o muerte.

Ahora, volviendo a la pregunta que da título a este segmento... ¿innovar es algo solo al alcance de los genios? No. De hecho, todas las personas innovamos, consciente o inconscientemente. Tan solo el atrevernos a tomar acciones poco conocidas o a construir un hábito nuevo es una forma de innovación frente a los programas mentales con los que hemos estado trabajando anteriormente. Una persona que, por el motivo que fuere, decide implementar cambios radicales en su estructura alimenticia está de alguna manera innovando, porque se atreve a abandonar lo conocido para fijar acciones concretas que construyan las condiciones adecuadas para una adaptación eventual.

Otro factor a tener en cuenta es que las habilidades técnicas necesarias para desarrollar un proceso innovador quedan relegadas a un segundo plano mientras no exista la debida cultura de innovación por parte de los ejecutores. Una organización que no fomenta esta cultura se verá constantemente amenazada por elementos externos asociados a la variabilidad del mundo empresarial. Aquí se presenta una ironía que no debe pasar por debajo de la mesa. Si una organización goza de colaboradores con un alto nivel en cuanto a habilidades técnicas, pero no goza de una cultura que promueva la innovación, esta se encontrará a merced de que cualquier variación externa arruine sus expectativas corporativas.

La buena noticia es que es posible cambiar el chip, tanto de los líderes como de los colaboradores, creando así el escenario más idóneo para la construcción de acciones innovadoras que se muevan en términos claros, cuantificables y precisos. ¿Quieres crecer como persona y como organización? ¿Estás dispuesto a tomar la acción como el único eje constructor del éxito? Es imprescindible que confíes en ti mismo, pues solo quien tiene una autoconfianza de hierro no limita sus movimientos.

Todas las personas innovamos. Esto es algo que sucede diariamente en nuestras vidas, independientemente de aquello que lo que nos dediquemos. Imagina por un instante que dejas de innovar como una inercia y lo conviertes en una decisión interiorizada y racionalizada, ¿Puedes imaginar el poder transformador que dominarás cuando concentres toda tu energía en acciones de innovación que creen a su vez la cultura que tanto tú como quienes te acompañan necesitan para crecer integralmente?

En definitiva, ignora a quienes quieren hacerte creer que es necesario ser Steve Job o Elon Musk para tomar acciones innovadoras que rompan por completo el mercado o las formas tradicionales del mercado. Tienes las herramientas, te estás formando para ello y, lo más importante, tienes un motivo para innovar, tus ganas de llegar a la cima. De manera que, por ahora, compartes las mismas bases que hicieron a estos dos hombres los titanes que son hoy en el mundo organizacional.

¿Cuáles son las empresas más innovadoras y por qué lo son?

¿Qué mejor manera de definir la íntima vinculación entre el éxito y la vinculación que a través de esas empresas que han dominado sus respectivos mercados a través de enfoques y acciones genuinamente disruptivas para su época? Las empresas (y líderes) de los que te hablaré a continuación no solo representaron una transformación absoluta, en términos positivos, con las viejas formas de hacer negocio, sino que supieron capitalizar estos elementos diferenciadores para posicionarse sobre las cumbres más altas sin que nadie pudiera impedírselos. Como descubrirás más adelante, estas acciones innovadoras no tuvieron nada que ver con el intelecto o las habilidades técnicas que tuvieran sus ejecutores, sino con una visión del negocio que se alejó totalmente de lo hecho por sus competidores.

En la actualidad, muchos directores y grandes jerarcas organizacionales entienden que para tener éxito en el mundo empresarial no basta con reducir gastos o potenciar la eficiencia, también necesitan crecimiento. Sin embargo, esta forma de entender el mundo organizacional no estaba tan marcada cuando los gigantes que referiré en este segmento aparecieron en el mercado para dejar una huella que hasta la fecha se mantiene indeleble, intacta. Ahora bien, el "efecto innovación" también ha conseguido que la competitividad empresarial se torne cada vez más compleja. ¿Qué tal un dato curioso para entender este punto? De acuerdo al índice Standar & Poor's 500, en los años sesenta la media de vida de una empresa en lo más alto era de 60 años. Hoy día, está por debajo de 20 años.

¿Qué significa esto? Nada de forma absoluta, pero sí es un indicador interesante. El mundo empresarial se ha tornado mucho más competitivo gracias a innovaciones como el internet o distintos tipos de tecnología móvil. Estas disrupciones impactaron en todas las esferas de la vida, siendo el ámbito organizacional uno de los más confrontados por las nuevas tecnologías que supusieron amenaza y oportunidad según el cristal con que se mirara. En estos cambios tienen mucho que ver protagonistas como los que conocerás más a profundidad en los próximos párrafos. Hombres y mujeres que actuaron de una forma totalmente innovadora, cambiando las reglas del juego e imponiendo su visión para diferenciarse de la competencia.

Estas son algunas de las 5 empresas más innovadoras de la historia:

Apple: estoy seguro de que tienes una idea bastante clara de quién fue Steve Job en vida. Después de todo, difícilmente conozcamos a alguien que no haya enarbolado con orgullo de algunos de sus muchos productos. Pero, ¿qué hizo de especial este hombre más bien enjuto y serio? A menudo, cuando se habla de Steve Job y de su imperio, los oradores hacen especial énfasis en lo que sus productos trajeron al mundo de las nuevas tecnologías. Si bien es cierto que la presencia de elementos como el Ipad, Iphone, Apple watch, etc... Tienen mucho peso en esta creencia, Apple se ha encargado de robustecer su cultura de innovación únicamente a través de prácticas innovadoras. De otra manera, no habría resistido la prueba del tiempo.

Ser innovador es un constante proceso de cambios. Cambios que se suceden uno tras otro dependiendo de las circunstancias que graviten en torno a la organización. Por ejemplo, ¿sabías que en 1986 Apple llegó lanzar su propia línea de ropa? Aunque esta idea no trascendió en el tiempo, habla de la naturaleza innovadora de una empresa que nunca se ha sentido cómoda entre las paredes de lo tradicional.

Apple no solo revolucionó el imaginario del consumidor con las especificidades de sus productos. Limitarse al producto habría sido crónica de una muerte anunciada. Las acciones innovadoras de esta organización van mucho más allá, atravesando esferas tan dispares entre sí como el marketing o la relación final con el consumidor. El suéter cuello de tortuga y las gafas de Steve Job le trascienden como individuo, abriendo paso a un sinfín de posibilidades desde el punto de vista del marketing. ¿Quién no podría reconocer, en la actualidad, esos lentes redondos y ese suéter negro calado hasta la barbilla? Este es uno de los pocos casos en la historia empresarial en que un director/fundador está adherido a su imagen como marca.

Por si fuera poco, Apple ha construido con mucho esfuerzo una relación armoniosa con sus clientes.

Es poco probable que conozcas a algún cliente Apple que no defienda a capa y espada la funcionalidad y estética de estos productos. Este es el resultado de una relación en la que la empresa ha tomado como eje fundamental la felicidad de sus consumidores. Acércate a una tienda de Apple y notarás que todos los elementos facilitan este relacionamiento: la vestimenta de los vendedores, el lenguaje, la postura, la disposición. Todos estos son elementos resultantes de una cultura donde innovar es la única práctica permitida.

Netflix: he estado en varias conferencias donde se habla del mundo organizacional y de cómo este ha tenido que lidiar siempre con las condiciones impuestas por el exterior, es decir tanto por la competitividad del mercado como por las adversidades a las que siempre estamos expuestos. Independiente de quiénes fueron los oradores o de las ciudades donde se celebraron estas reuniones, siempre se debate sobre un caso que ilustra a la perfección las consecuencias de una mentalidad hermética en términos empresariales. Me refiero a Blockbuster, la franquicia de videoclubes que no pudo anticiparse a las nuevas tecnologías y terminaría desapareciendo frente al monstruoso ascenso de Netflix y su servicio Streaming totalmente digital.

Netflix es posiblemente uno de los ejemplos más vigentes de cómo un conjunto de acciones innovadoras tiene el potencial para cambiar por completo la industria que le rodea. Aunque en la actualidad goza de un reconocimiento mundial por facilitar la vida de millones de personas con sus servicios de Streaming, esta nació como una compañía de alquiler de películas por correo electrónico.

Cuando investigamos un poco más sobre su crecimiento nos damos cuenta de que los primeros pasos ya fueron innovadores, porque rompieron con la dinámica tradicional del alquiler presencial de películas (que implementaba Blockbuster con sus establecimientos repletos de video cassettes). De un momento a otro ya no era necesario visitar un local y pasarte horas entre estantes para dar con la película que buscabas. En resumidas cuentas, Netflix retumbó en los cimientos de Blockbuster y de todas las empresas que subsistían bajo este esquema de comercialización. Finalmente ocurrió lo esperado, Blockbuster desapareció, así como cientos de otras empresas similares. Este fue el resultado de una innovación que cambió las reglas.

En la actualidad, por complicado que parezca, Netflix ha seguido evolucionando. Como un monstruo milenario, crea nuevas soluciones innovadoras para cambiar todo cuanto quede de las viejas formas de disfrutar de la televisión. Esta empresa ha sido una de las que mejor ha sabido capitalizar la sabida situación del Covid-19. En tiempos donde se nos pide confinamiento, Netflix apuesta cada vez por más producciones propias, además de incluir un vasto catálogo de películas, series y documentales que están al alcance de un click desde la comodidad de nuestros hogares. Una vez más, la empresa construye las condiciones para su propio crecimiento con acciones innovadoras.

Google: cuando se habla de grandes organizaciones que han marcado el rumbo del entorno empresarial, es necesario que se mencione a Google. ¿Qué hace de Google una de las empresas más innovadoras en la actualidad? La cultura de innovación se encuentra tan arraigada en todas las estructuras de este imperio organizacional que todos sus colaboradores entienden el mundo y actúan en función a un criterio lo suficientemente sólido. Se han publicado algunos principios que dan cuenta de cómo este *hacer* innovador ha robustecido la cultura de la empresa a niveles insospechados.

En los últimos años, Google ha invertido en proyectos tecnológicos que para cualquier otro implicarían un riesgo significativo. Lo importante para quienes hoy dirigen las riendas de esta empresa es que la "solución ofrecida" salga de lo estándar, es decir que rompa el molde. Para ello, ha dedicado cuantiosos recursos en contratar a las personas adecuadas además de no estar construida a nivel jerárquico con un sistema riguroso y tradicionalista, lo que deviene en escenarios tan poco comunes como que un diseñador gráfico trabaje en áreas que (en teoría) le son totalmente distintas a su formación académica. Esto se debe a que Google fija prioridades asociadas al éxito. Entienden que el colaborador tendrá mejores resultados si trabaja en la unidad de negocios donde se encuentre su pasión.

Otra acción por la que Google está en el top de empresas innovadoras es porque realmente toma en cuenta lo que sus consumidores opinan en relación a sus productos. Las encuestas de Google son ampliamente conocidas (Googlegeist), y fomentan un acercamiento directo, una verdadera retroalimentación del consumidor a la organización, lo que en buenas manos devendrá siempre en mejoras y optimización de procesos.

Tesla motors: tomar acciones innovadoras es algo que debe hacerse en todos los sentidos posibles dentro del quehacer empresarial. Desde la forma en que un directivo se comunica con sus colaboradores hasta el uso de la tecnología de un modo nuevo y creativo.

Todos estos son indicadores que hablan de una estructura innovadora que rompe con todo lo conocido previamente. Tesla motors es una empresa que sigue dando pasos agigantados en muchos sentidos. Recientemente se hizo pública una propuesta que atrajo la atención del mundo: la venta de vehículos eléctricos por internet... ¡por internet! ¿Te imaginas mirar un catálogo de vehículos desde la comodidad de tu casa y, lo que es aún más atrevido, comprar solo a través de la tecnología? Según explicó Elon Musk, el director de la compañía, la implementación de este método trajo como consecuencia una reducción importante en el precio final de cada vehículo.

Tesla motors, desde su creación, ha dejado muy en clara su visión empresarial. La comercialización de vehículos eléctricos es por sí mismo un hecho trascendental, sobre todo si tenemos en cuenta la profunda cultura de vehículos alimentados por otro tipo de combustibles. Es indiscutible que el multimillonario Elon Musk ha roto todos los esquemas en cuanto a innovación se refiere. Lo consigue porque actúa, no para de tomar acciones focalizadas de acuerdo a sus propios sueños. De allí que haya enviado su carro al espacio. En el caso de esta compañía, las acciones innovadoras van mucho más allá de la utilidad esperada por su director. Además, la comercialización de vehículos eléctricos es respetuosa del medioambiente, lo que claramente representa un elemento que le diferencia del resto de competidores en el rubro automotriz.

Amazon: un claro ejemplo de cómo las prácticas innovadoras llevan a una compañía a la cúspide más alta lo encontramos en Amazon. Esta compañía, propiedad de Jeff Bezos, es sin lugar a dudas una de las empresas más rentables en los últimos años. Sin embargo, Amazon no siempre fue el "monstruo inalcanzable" que es hoy. De hecho, sus comienzos fueron bastante difíciles. Durante la gran depresión que tuvo lugar en el 2008, Bezos tuvo que prescindir de un porcentaje significativo de sus colaboradores. La verdad es que todos los grandes líderes organizacionales tuvieron que afrontar momentos duros que sacaron lo mejor de ellos.

Inicialmente Amazon empezó siendo una librería en línea. Desde un principio, Bezos tuvo mucha confianza en que la vitalidad del comercio al corto y mediano plazo se encontraría en el mundo electrónico. Razón por la que esperaba ampliar el espectro de su compañía hacia otras latitudes. Está más que claro que lo consiguió. No fue sino hasta 1998 que el hoy magnate tomo como propio un enfoque que rompería con la forma en que hoy día concebimos el comercio. Se abriría paso a la venta en línea de música y video. Finalmente, agregaría otro tipo de productos.

Mientras otras pequeñas empresas cerraban sus operaciones por diversos motivos, Bezos aprovechaba la oportunidad para comprarlas y crear, de esta manera, las condiciones perfectas para la expansión de Amazon como su marca privada. La actitud de Bezos frente a las dificultades es abrumadora. Su espíritu de innovación no se detiene en ningún momento ni bajo ninguna circunstancia. Sobre este enfoque, Richard Brandt nos dice lo siguiente:

> Resulta importante señalar que Amazon no es invencible. Bezos tiene una fórmula simple que no es tan simple que funcione: superar en términos de

innovación a la competencia y dar al cliente lo que quiere. Las compañías que llevan suficiente tiempo en funcionamiento como para acomodarse tienden a olvidar estos principios. Se centran en los beneficios y el valor de las acciones, y creen que aumentar los precios y despedir trabajadores es el modo de ganar. Bezos no comete este error.

La innovación y su íntima vinculación con el éxito organizacional

Las acciones de innovación tienen una relevancia incuestionable en el ámbito organizacional, tal como se refiere en los 5 ejemplos anteriores. Empresas como Amazon, Apple o Testa no serían lo que son si sus responsables no habrían tomado las acciones adecuadas para llevarlas a la cima. No existe una fórmula matemática que determine las probabilidades de que una compañía sobresalga en un rabioso mar donde impera la competitividad. Pero, si algo ha quedado claro a través de la historia, es que quien no innova a través de acciones concretas más temprano que tarde se verá sumergido en un mundo cuya naturaleza es tan variable como impredecible.

Esta es una palabra clave para entender la importancia de las acciones innovadoras: impredecible. Así es el mundo, así funcionan los mercados, los gustos del consumidor, las tendencias, las capacidades tecnológicas, y un conjunto de nuevos elementos que hoy día no conocemos pero que más temprano que tarde aparecerán para cambiar nuestra percepción de las cosas. Cuando tomamos acciones innovadoras desarrollamos a su vez una cultura basada en este enfoque. El efecto de esta cultura tiene una incidencia sustancial tanto en lo individual (en el comportamiento de los grupos de trabajo) como en lo organizacional (procesos que, puestos en marcha, redunden en éxito y diferenciación del resto).

Ahora bien, existen fundamentalmente 3 tipos de innovación.

1. La innovación en el producto o servicio: consiste, en esencia, en el desarrollo y comercialización de productos nuevos o mejorados que generan un impacto en el entorno inmediato (en el potencial nicho al que va dirigido y en los competidores que ofrecen productos o servicios similares).

2. La innovación en lo comercial: la creación de nuevos métodos o formas para construir la relación entre empresa y consumidor en términos de comercio. Nuevas formas de promoción, de comercialización, de pago. Todas estas creaciones (o mejoras) son, en

definitiva, acciones innovadoras que irrumpen con fuerza en la relación comercial final.

3. La innovación en los procesos: concebir y desarrollar nuevas formas para la creación de productos y servicios. La revolución industrial fue una época donde imperó la innovación por las nuevas herramientas y métodos que se desarrollaron para la producción de diversos productos o servicios. Otro claro ejemplo de una innovación en procesos proviene de la creación del diseño en masa, asociable con Henry Ford.

La innovación también puede ser categorizada en función al impacto que genera en su tiempo. Siendo estas:

1. Innovación disruptiva: la innovación disruptiva trata sobre la creación de algo totalmente nuevo, inédito hasta entonces en todos los sentidos. Estas propuestas de valor originan nuevos mercados, cambian las reglas de juego y desestabilizan los cimientos de todos los actores dominantes. Sobra decir que la innovación disruptiva es la más complicada de conseguir.

2. Innovación incremental: la innovación incremental es más común. Se trata de

tomar una idea y perfeccionarla, adecuándola a las necesidades de un público exacto. Es decir, optimizar la idea, hacerla más potente, incluso extenderla hasta otros mercados en los que originalmente no estaba.

Independientemente de las etiquetas que utilicemos, las acciones innovadoras marcan una distancia en relación a la competencia. Si tú, por ejemplo, tienes la oportunidad de diferenciar tu producto del que ofrece tu competencia inmediata agregando valor que el cliente aprecia, tienes la responsabilidad de sacar todo el provecho posible de esta brecha que generaste a través de una acción innovadora. Fundamentalmente esto es lo que hacen los grandes empresarios: se diferencian y capitalizan esa brecha. Esto es lo que han conseguido visionarios como Steve Job, Elon Musk o Jeff Bezos.

Por otro lado, ¿te has preguntado directamente cuáles son las ventajas que una persona con actitud innovadora tiene en relación a sus competidores? A continuación, algunos de los beneficios más relevantes de la innovación como enfoque y estilo de vida:

1. Soluciona problemas rápidamente: muchas veces nos enfrentamos a problemas que

parecen no tener una solución. Es una sensación parecida a la de un mal sueño donde no parece haber luz al final del túnel. Esto puede y va a pasar. Todos los seres humanos estamos expuestos a estas circunstancias. Ahora, ¿por qué la actitud innovadora es imprescindible? Desarrollar acciones innovadoras constantemente es una forma de pensar fuera de la caja, de saltarse los márgenes para encontrar soluciones creativas a cualquiera que sea la problemática a la que nos estamos enfrentando. Si este es tu caso, te invito a tomar las acciones adecuadas. Rétate. Puedes pensar de una forma distinta en vez de la archiconocida manera en que has pensado hasta ahora. Esta habilidad sacó de muchos problemas a hombres y mujeres que hoy son empresarios exitosos.

2. Incrementa la productividad: si en este momento sientes que estás totalmente estancado, que no encuentras los resultados esperados, es hora de cambiar el chip. Esto implica pensar en nuevos procesos. Una vez que hayas encontrado un proceso absolutamente nuevo, aprenderás a mirar el panorama con un lente distinoa. Esto, a su vez, te ayudará a pensar en soluciones creativas para tus problemas dentro de la organización. Los estudios han determinado

que somos más efectivos cuando llevamos a cabo una forma de pensar creativa en lugar de rígida. Para ello, piensa en los procesos en los que estás atrapado. ¿Son todos necesarios? ¿Pueden algunos ser recortados o directamente suprimidos? Si alguna vez siente que está empantanado con el trabajo y lucha por hacer todo, es hora de que sea más productivo. Para hacer esto, comience a encontrar un nuevo proceso.

3. Comercializa mejor sus productos o servicios: actuar de manera innovadora genera cambios en nuestra forma de enfrentar las adversidades. Aunque no signifiquen la misma cosa, sí es fundamental desarrollar una estructura de pensamientos creativa que te lleve a romper de vez en cuando con las viejas maneras de resolver determinados dilemas organizacionales. Esto te será de mucha utilidad para construir ideas creativas para que tu negocio se destaque de entre la multitud. ¿Comprarías un producto con una campaña publicitaria aburrida, cuadrada, sin gracia? Claro que no. Y, te garantizo, la creatividad es garantía a la hora de crear nuevos caminos más innovadoras para comercializar tu idea.

4. Vence a tus competidores: para algunos, la ventaja más importante. Pensar de manera

creativa es uno de los caminos más increíbles para superar a la competencia. Imagina por un momento que tu estructura de pensamientos es una habitación. Más temprano que tarde, si quieres alcanzar la cima, tendrás que atreverte a salir de esa habitación, a dar pasos fuera de tu entorno conocido. Esto es lo que promueve la actitud innovadora a través de la creatividad y la puesta en marcha de prácticas orientadas a la consecución de resultados.

Capítulo 2

Cultura y valores

Este capítulo tiene como finalidad orientarte en todo lo relacionado a la cultura y valores dentro de una organización. Para nadie es un secreto que el éxito en las empresas pasa por el compromiso de todas aquellas personas que la integran. En este sentido, es imprescindible que los grandes líderes organizacionales consigan alinear criterios para que todos remen en la misma dirección. Cada vez que toco este tema me gusta plantearlo desde un ejemplo sencillo.

Imagina el siguiente escenario: en tu familia se presenta una oportunidad de oro que precisa que trasladen su residencia a otra ciudad en un tiempo determinado. Pero conseguirlo no será tarea sencilla, principalmente si tenemos en cuenta el factor tiempo. Supongamos que dispones de 2 días para concretar la mudanza, de lo contrario, perderás una gran oportunidad como director (el cargo que siempre has soñado) en una empresa multinacional de gran renombre en muchos países. No querrás desperdiciar esta oportunidad, ¿verdad? Entonces, como líder de tu familia, tienes la responsabilidad de lograr ese primer objetivo en un tiempo estimado. Para ello, dispondrás de todos los recursos que estén a tu disposición.

Ahora imaginemos que las dificultades logísticas empiezan por un mal clima. Está lloviendo a cántaros y en la televisión hablan de mucho tráfico para salir de la ciudad. ¿Qué es lo primero que harás? Como líder, te comprometes con un objetivo. Este no es otro que concretar la mudanza en el tiempo acordado. Entonces, conviene que todos los miembros de tu familia trabajen de forma cohesionada y ordenada para alcanzar la meta. Esto supone un verdadero desafío porque tendrás que esforzarte para que cada uno de ellos (tus hijos, tu pareja, entre otros) piense del mismo modo durante un lapso de tiempo debidamente definido. Esto, por supuesto, en aras de obtener los resultados esperados.

¡A trabajar! Planificarás, paso a paso, una guía de acción; construirás un criterio relacionado entre todos tus colaboradores, y ejecutarás el plan siguiendo las pautas creativas necesarias para sortear todos los posibles obstáculos que encontrarás en el camino. Los problemas externos pueden resolverse siempre a través de la creatividad. Ahora, cuando las personas encargadas de tomar acciones innovadoras para superar las adversidades no trabajan de forma unificada, pueden presentarse muchos problemas en el camino. Problemas que no guardan relación con el tráfico o el clima, sino con la ejecución dispersa de estas acciones.

Gestionar bien este conjunto de percepciones, actitudes, hábitos, creencias y sentimientos es lo que se conoce como cultura organizacional. Esta expresión es el punto focal del capítulo que leerás a continuación, en cuyas páginas encontrarás reflexiones, recomendaciones e información de utilidad para robustecer tu conocimiento sobre un tema que tiene un peso más que significativo en el éxito de las compañías.

Si al ejercer tu rol de líder consigues alienar todos estos patrones subjetivos e individuales, orientándolos hacia una meta concreta, cuantificable, entonces la mitad del camino está resuelto. Si seguimos el ejemplo, esto quiere decir que estarás más cerca de concretar tu mudanza y capitalizar esa oportunidad dorada que ha caído en tus manos. Este capítulo se presenta, pues, como el conjunto *central* de reflexiones y contenido para que entiendas y conozcas todo lo referente a la cultura organizacional. La estructura del capítulo es, en esencia, muy práctica y funcional. Se divide en 4 subcapítulos que constituyen todo el conocimiento que necesitas para dar tu siguiente paso hacia la construcción de acciones innovadoras en tu organización.

Cultura organizacional

En este subcapítulo se aborda el tema conceptual de la cultura en el marco de las organizaciones y empresas. Todas las interpretaciones en este primer segmento son estudiados con minuciosidad, donde comenzarás a familiarizarte con un tema que ha acaparado los debates más importantes en términos del éxito empresarial y de innovación.

Sin cultura organizacional, difícilmente una organización consiga sus metas. Es por ello que resulta vital que conozcas cada aspecto, por pequeño que parezca, sobre su funcionamiento en las personas. Y es que, te lo garantizo, la cultura organizacional bien construida genera un efecto más que sobresaliente en la productividad de las personas. Estas, como es bien sabido, son las columnas que sostienen a una organización. De allí la importancia de sembrar en nuestros talentos un criterio afín y que vaya de la mano con las pretensiones de la organización.

Desarrollar cultura organizacional, instrumento del éxito.

El segundo segmento de este capítulo se concibe como una pequeña guía de acción. En estos párrafos te mostraré el paso a paso para que desarrolles una cultura organizacional funcional y muy práctica en tu entorno. Independientemente de las circunstancias externas, cuando un equipo trabaja de la mano, siempre firmes y enfocados, las probabilidades de ser exitosos incrementan a niveles insospechados. Este capítulo tiene como fin brindarte los pasos que debes seguir para que en tu organización crezca la cultura del éxito, que a su vez repercutirá sustancialmente en los resultados de la misma. Después de todo, ¿quién no quiere ser exitoso? Pero, para serlo, es indispensable comprometernos con una idea concreta, cuantificable y, en última instancia, generalizada.

La cultura del éxito en las grandes empresas.

Anteriormente te he mencionado el caso de algunas de las grandes empresas que hoy imperan en lo más alto del mundo corporativo.

Tales son los casos de Amazon, Netflix, Apple, entre otros. En este subcapítulo conocerás casos considerados de antología. Es decir, increíbles ejemplos de cultura organizacional en las empresas más conocidas. No inviertas un segundo de tu tiempo en siquiera contemplar que este éxito es cosa del azar. ¡En absoluto! Bezos, Job, Gates, Musk, estos son hombres que han planificado meticulosamente su camino a la cima. Entendieron mejor que nadie que la realidad de una organización es el resultado de la mentalidad en sus colaboradores. La cultura de organización fue para ellos una clave medular en la obtención de los resultados que hoy día dejan boquiabiertos a millones de personas alrededor del mundo.

Mentalidad de innovación.

El último apartado de este capítulo tiene mucho que ver con lo que entendemos por cultura de innovación en una organización. ¿Qué significa, específicamente, esta expresión? ¿Qué es lo que usualmente entienden las personas que no están inmersas en estos temas? ¿De qué manera afecta a una organización que su equipo no esté orientado hacia la innovación y la obtención de resultados? ¿Cuáles son las consecuencias lógicas en una organización cuyos colaboradores carecen de la mentalidad de innovación necesaria? Estas son algunas de las preguntas que se responden al término de este subcapítulo.

¿Qué significa cultura organizacional?

La cultura organizacional es un tema que ha ganado profundo interés por parte de diversos especialistas en los últimos años. El impresionante éxito de determinadas empresas (de las que hablaré más adelante) ha sido un punto de inflexión que, a su vez, ha fomentado la necesidad de comprender cómo funcionan todos esos engranajes internos.

Es posible definir la expresión cultura organizacional como el conjunto de sentimientos, valores, tradiciones, hábitos, creencias y formas de interacción que se dan dentro de los grupos que conforman una organización. Además, esta unificación de criterios siempre irá dirigida a la obtención de los mejores resultados posibles.

La importancia de la cultura organizacional pasa porque facilita la ejecución y establecimiento de estrategias orientadas al éxito. Por otro lado, cuando una organización carece de esta cultura, el mejor plan de acción puede fracasar o postergarse debido a la intervención de todas las subjetividades mencionadas al principio de este párrafo.

Entendiendo que la cultura organizacional significa criterios alienados, entonces su ausencia implica un riesgo significativo para la ejecución de los planes de acción. Subjetividades como:

- Prejuicios.
- Emociones (y su manejo poco efectivo).
- Hábitos.
- Condicionamientos.
- Miedos personales.

Estos son solo algunos de los caracteres que determinan (postergando o directamente rompiendo) cualquier plan de acción cuando los grupos de trabajo carecen en absoluto de cultura organizacional.

Ahora bien, la cultura no es útil solo para la consecución de objetivos económicos. Esta va mucho más allá. La cultura organizacional también es de gran ayuda para mejorar el funcionamiento de determinados procesos una vez que estos han perdido vigencia.

Héctor Murcia Cabra, en su libro *Creatividad e innovación para el desarrollo empresarial*, reflexiona sobre el concepto universal de Cultura en los siguientes términos:

> Cultura: conjunto de conocimientos, valores, modos de vida, costumbres, que caracterizan a una persona

o a la vida tradicional de una población. Es así como en los ejercicios iniciales de aprendizaje se solicita a los participantes definir las manifestaciones en las que se expresa o se refleja la cultura de una zona geográfica específica.

Empresarial: orientación hacia el desarrollo empresarial, constituida por las aspiraciones de crear empresa o de fortalecer las ya existentes. Y al referirse al concepto de empresa, además de la acción de emprender se significan las unidades de organización para la producción, transformación industrial y prestación de servicios incluidas en el universo empresarial. Para comprender el término luego de hacer una descripción de los sectores económicos clásicos (primario, secundario y terciario) se pide identificar posibles iniciativas empresariales en cada uno.

En resumidas cuentas, la cultura organizacional es un vehículo para alcanzar objetivos y mejorar el funcionamiento de nuestras compañías a niveles increíbles. Son muchos los académicos y empresarios que han dedicado partes importantes de sus vidas al estudio, esquematización e interpretación de los efectos que esta tiene en la vida empresarial. Adicionalmente, no debería sorprendernos que cada vez más empresas busquen simular el enfoque desarrollado por gigantes organizacionales como Amazon o Google en términos de cultura organizacional. Y es que, si partimos de la premisa de que todos queremos ser exitosos en el ámbito corporativo, tiene todo el sentido del mundo que pongamos nuestra atención en aquellos referentes que han marcado un antes y un después en estas prácticas.

Ahora que entiendes por qué la cultura organizacional es determinante en la obtención de los resultados, no querrás esperar demasiado tiempo para fortalecerla dentro de tu compañía. Como seguramente ya sabrás, la mayoría de los cambios (sobre todo cuando estos son estructurales), suelen ser procesos difíciles que suponen un enfrentamiento con las viejas formas de concebir un determinado problema. No tienes nada de qué preocuparte. Uno de los muchos propósitos que me planteé al momento de desarrollar este capítulo es facilitarte herramientas para que inicies a implementar cambios y deje de ser una transición compleja y/o en muchos casos, problemática.

No hay que olvidar que lo que usualmente se entiende por cultura pasa por algunos atributos como:

- Cómo se relacionan los colaboradores con la Organización.

- Los valores que los colaboradores atribuyen a esta relación.
- Cómo encajan los objetivos personales de los colaboradores en el objetivo organizacional.
- De qué manera los colaboradores se relacionan entre sí.

Estos 4 atributos medulares representan la base general de la cultura de organización. ¿Qué tan bien entienden los colaboradores cuestiones como la misión, visión y objetivos de la empresa? El escenario ideal (el que se busca con la consolidación de una cultura organizacional adecuada) se presenta cuando los objetivos individuales de cada empleado van de la mano con el propósito general de la empresa. Muchos directores no comprenden del todo la relevancia de asuntos como estos. En la actualidad, no es suficiente con que un empleado realice sus actividades asignadas de forma automática. Si quieres resultados increíbles, es necesario que trabajes en una conexión absoluta entre tú como organización y todas las personas que trabajan días tras día para la consecución de los objetivos corporativos.

Cada organización tiene su propia cultura. Lo realmente importante es que esta devenga en buenos resultados, en procesos internos cada vez más funcionales y, en última instancia, en la capacidad de discernir cuándo hace falta aceitar algunos engranes para fomentar una innovación cada vez más efectiva. Por ejemplo, es bien sabido que algunas empresas tienen un enfoque mucho más colaborativo. Esta cultura basada en el trabajo en equipo exige un compromiso y una cohesión sólidos por parte de los trabajadores.

Por otro lado, también existen compañías que tiene una cultura diametralmente opuesta, que concibe los objetivos individuales de sus empleados como escalones de gran importancia en la consecución de metas. En este tipo de organizaciones, el trabajo individual de los colaboradores es el denominador común.

¿Cómo desarrollar cultura en tu organización?

Ahora bien, no solo se trata de entender qué significa la palabra cultura en el entorno organizacional. Recuerda que el éxito se construye con acciones concretas. La inmovilidad es un vicio que no debes permitirte si tienes metas claras y bien definidas. En otras palabras, una organización solo será exitosa en la medida en que sus líderes desarrollen programas y acciones acordes con los tiempos que corren. Por suerte, este es un tema que se ha estudiado ampliamente en los últimos años, lo que nos ha permitido llegar a una conclusión inobjetable: sin una cultura organizacional sólida, cualquier empresa está destinada al fracaso.

Aunque suene trágico, es así. Los beneficios de una cultura organizacional bien diseñada y fomentada son amplios e indiscutibles. Durante mi trayectoria he conseguido identificar en primera persona las ventajas que te presentaré a continuación. Ventajas que, en el contexto empresarial, son una llave maestra hacia la cima más alta.

- La cultura organizacional mejora el ambiente laboral.

Hablar de una cultura bien definida en la organización es referirnos a un entorno cómodo, donde todas las personas sean conscientes de sus funciones, responsabilidades y objetivos, estando estos en la mayoría de los casos profundamente alineados con la visión de la empresa. Conviene entender que la cultura organizacional es sinónimo de compromiso. Por lo tanto, cuando esta ha sido bien desarrollada y trasladada, no hace falta monitorear a los colaboradores para que hagan su trabajo. En resumidas cuentas, ellos trabajarán bien porque están motivados por la visión de la organización. Lo que siempre traerá mejores resultados y un ambiente laboral impoluto.

- La cultura organizacional nos ofrece mejores resultados.

Está claro que, como referí anteriormente, la cultura pasa por una profunda identificación (emocional y psíquica) del empleado con la visión, misión y objetivo de la compañía para la que se encuentra trabajando. Esta identificación, cuando es sólida, basta por sí sola para que cada quien se esfuerce al máximo en aras de alcanzar sus objetivos, los cuales a menudo son los mismos que los expresados en la organización. La optimización de resultados es una ventaja clave, resultante de una cultura sólida, y es que, ¿qué empresa puede sobrevivir a las dinámicas de la competencia si no es a través de resultados cada vez más trascendentales?

- La cultura organizacional facilita la adaptación de los colaboradores.

Muchas personas infravaloran el increíble efecto de una cultura adecuada en la organización. Pero, en la realidad, esta tiene un impacto significativo desde cualquier punto de vista. En especial para aquellas personas que están en sus primeros días. En resumidas cuentas, una cultura clara es eficaz en términos de inducción y familiarización de los nuevos colaboradores.

He tenido la oportunidad de conocer organizaciones que, desde el primer día, facilitan todos los instrumentos para que un nuevo empleado se sienta cómodo e identificado. Las estrategias pueden variar. Por ejemplo, hace años un amigo me platicó sobre su primer día de su nuevo trabajo, y las expectativas que tenía por la gran oportunidad que se le presentaba. Al llegar, ese primer día, no fue atendido por el equipo de Recursos Humanos (lo que es habitual), sino por el propio director de la empresa, que lo acompañó durante el recorrido, mostrándole las instalaciones. Fueron dos horas muy intensas que le permitieron entender hasta qué punto estaban todas las personas comprometidas con la visión de la compañía.

- La cultura organizacional es el entorno ideal para el trabajo en equipo.

La importancia de los grupos de trabajo debidamente cohesionados es fundamental porque, estos, tienen un impacto significativo en la obtención de resultados. Esta cohesión es posiblemente una de las claves más poderosas en el ámbito organizacional. Piénsalo por un momento, ¿cómo puede tu organización alcanzar los objetivos que te has trazado si cada persona cumple con sus funciones desde un enfoque totalmente individualista? No podrás, en honor a la verdad. Desarrollar una cultura adecuada facilitará la integración de todos los miembros que conformen tus equipos de trabajo. De allí la importancia de encontrar el punto exacto para que tu equipo sienta que desempeñar sus funciones es un placer y no un peso sobre los hombros.

10 prácticas infalibles para que construyas la cultura que deseas en tu organización

Por esta razón es que dedicaré los próximos párrafos a enseñarte algunas prácticas y acciones que te facilitarán una construcción sustancial de la cultura dentro de tu organización. A continuación, 10 prácticas que te llevarán a una cultura sólida, en la que todos tus colaboradores estarán integrados, sintiéndose como en su casa.

Permítete hablar de lo negativo

No temas hablar de lo negativo desde un punto de vista optimista. El ser humano no quiere fracasar, está en su naturaleza. Incluso desde un punto de vista neurocientífico; el cerebro humano evitará, en la medida de lo posible, enfrentarse a situaciones que involucren emociones negativas. Sin embargo, como líder, tienes la responsabilidad de tomar acciones concretas que contribuyan en el fortalecimiento de una cultura basada en la innovación. En este sentido, permítete discutir abiertamente aquello que no está del todo bien dentro de tu compañía; hazlo entre tus colaboradores y líderes. De esta manera no solo expresas explícitamente tu compromiso con las mejoras, sino que invitas inconscientemente a los demás a participar en la discusión constructiva de todas las oportunidades de mejora que existan en tu organización.

Esfuérzate por reconocer y recompensar el esfuerzo de tu gente

Nada es tan importante para una persona como sentirse valorada. Esto varía de acuerdo a la personalidad de cada individuo. Por un lado, existen personas que solo se sienten valiosas para la misión de una organización cuando se reconocen sus aportes con bonificaciones y retribuciones económicas. También existen colaboradores que priorizan su formación individual en detrimento de lo económico. Para ellos, un plan de formación financiado por la organización es un reconocimiento increíble que sabrán aprovechar al tiempo que se sentirán más leales con la visión corporativa.

Las encuestas son muy claras en este aspecto. El nivel de rotación en una empresa con una cultura rica en términos de valoración a sus empleados es 31% menor que en aquellas compañías donde no se construyen esfuerzos para reconocer su energía. Este 31% es significativo no solo a nivel de operatividad, también en términos económicos. ¿Cuánto dinero se ahorra una empresa que goza de una estabilidad en su fuerza laboral? Sin dar cifras exactas, los números son increíbles.

Adicionalmente, se ha determinado que el reconocimiento es mejor aceptado por los empleados cuando proviene de distintos puntos que no necesariamente implican la presencia de los directivos. Por ejemplo, la valoración positiva de un igual o de un líder tiene un impacto profundo en el empleado. Este se sentirá motivado a seguir creciendo, a mejorar sus resultados. Lo que, en esencia, fortalece la cultura dentro de la organización.

Dale importancia a los pequeños detalles

Debes tener en cuenta que la cultura de una compañía abarca todo, desde la visión y misión hasta las políticas de comportamiento. Los líderes exitosos se preocupan en mantener toda la coherencia posible entre las "pequeñas cosas", procurando siempre que estas estén en perfecta armonía con la cultura organizacional. Actitudes sencillas generan un impacto tremendo en el comportamiento de quienes componen la organización. Algo aparentemente pequeño como el saludo o la forma en que recibimos a un nuevo compañero hablan de una cultura robusta y cohesionada.

Sé flexible

Esta es una noticia que ha ido ganando puntos con el transcurrir de los años. Muchas empresas se han dado cuenta de que proporcionar mayor flexibilidad a sus empleados tiene una incidencia clara en la moral del empleado. La consecuencia inmediata de esta medida es una reducción sustancial de la rotación laboral. Ahora bien, ¿qué entendemos por flexibilidad en un entorno laboral? Las definiciones son muy amplias. Por ejemplo, que a un padre se le dé espacio de tiempo para que asista a un evento educativo de sus hijos. Oportunidades de promoción, permisos remunerados para quienes se encuentran cursando alguna especialización o postgrado. Estos son solo algunos ejemplos de cómo la flexibilidad puede robustecer de forma sustancial la cultura en tu organización (la implicación, identificación de tu equipo con la visión de tu compañía). ¿Será que el home office llegó para quedarse?

Una comunicación efectiva

La comunicación es una de las competencias más infravaloradas en la historia empresarial. Por suerte, esto ha cambiado bastante en los últimos años. Los grandes empresarios empiezan a entender que una comunicación efectiva, transparente, apasionada, es una clave infalible para mejorar las relaciones con sus equipos de trabajo. Cuando las personas creen en su trabajo, están dispuestas a esforzarse mucho más para obtener mejores resultados. Si bien es cierto que es posible encontrar un propósito sólido en cualquier trabajo, esto dependerá en gran medida de la forma en que los líderes se comuniquen. Un líder apasionado, que siempre muestra su enfoque y quiere transmitirlo, generalmente es un increíble aliado para el crecimiento de cada trabajador. Un crecimiento que se da por atributos como la motivación, la satisfacción y el aprendizaje.

La retroalimentación

Brindar una retroalimentación idónea, formativa, es para muchas personas una forma de recompensa. Sobre todo, para aquellos que priorizan el hecho de aprender y mejorar sus habilidades frente a cualquier otro tipo de valoración. Aunque, por otro lado, es bien sabido que la retroalimentación por sí sola no fomenta que un empleado se sienta identificado con la organización. Aquí te propongo un pequeño giro a la palabra retroalimentación. Mi recomendación es que no solo des comentarios sobre la regularidad o el desempeño de quienes conforman tu equipo; permítete ir más allá. Esto implica solicitar expresamente sus comentarios sobre cualquier tema relacionado con la consecución de objetivos tanto generales como departamentales.

La participación activa de los empleados es una estrategia infalible para conocer sus sentimientos y emociones en relación a distintos factores (liderazgo, enfoque empresarial, felicidad en términos salariales, entre otros). De allí la importancia de que te des la oportunidad de incorporarlos en la toma de decisión. Hazle saber a tu equipo, a cada uno individualmente, que cuentas con ellos, que sus comentarios siempre serán importantes para definir el rumbo de la empresa. Esto genera un cambio en la mente de la persona, que a partir de ahora se sentirá más identificada.

Preocúpate por cultivar relaciones sólidas.

El compañerismo es un eje constructor muy fuerte. Ten en cuenta que el ser humano es un animal social. Nada funciona mejor para motivar e incentivar a alguien que un trato amable, profesional, ético y cien por ciento funcional. Está más que demostrado que tener relaciones sólidas en el trabajo impulsa el compromiso de los empleados. Considera en todo momento que lo que buscas como líder es que tus colaboradores estén comprometidos con la visión organizacional. Sin embargo, cultivar las mejores relaciones en el trabajo no se da en un abrir y cerrar de ojos. Hace falta que te comprometas y te esfuerces lo suficiente.

Para ello, son muchas las estrategias que las grandes empresas ponen en práctica para garantizar el mejor relacionamiento entre sus colaboradores. Muchas de estas soluciones provienen de la infraestructura del lugar. Por ejemplo, una empresa donde no existen lugares para que las personas converjan y compartan ratos de esparcimiento difícilmente consiga robustecer el relacionamiento. Deshazte de la idea de que cada quien almuerce en su escritorio. Proporciona las condiciones ideales para que se den estas conversaciones. Todos necesitamos, en algún momento, hablar de temas que no estén relacionados con el trabajo. Tu función como líder es propiciar estas conversaciones.

Otra técnica muy relevante para alcanzar tiene que ver con dinámicas donde todos estén involucrados activamente. Los debates y las reuniones de resultados no deben ser el único lugar para conversar o debatir. Mi recomendación es que diseñes espacios y actividades que promuevan estos acercamientos. Construir relaciones sólidas es garantía de compromiso, comodidad y fidelidad con la organización.

Promueve la autonomía

Como líder, tienes el poder para fijar actividades y dinámicas grupales que fomenten valores como el compañerismo, la lealtad y la fidelidad. Pero, desde un punto de vista individual, no existe mejor forma de garantizar la felicidad y el compromiso de un colaborador que la autonomía. Después de todo, te interesan resultados óptimos, ¿no? En este sentido, te propongo que sitúes desafíos para cada persona que conforme tu organización. Seamos sinceros; a nadie le gusta que un líder gravite sobre su cabeza como si se tratase de un dron, validando siempre que lo que hacemos es lo correcto. Tienes la responsabilidad de ser un líder distinto, dispuesto a brindar autonomía a tus jugadores para que tenga un juego perfecto. Te aseguro que cuando un trabajador siente que confían en él, se esforzará mucho más para cumplir las expectativas del desafío que se le plantea.

No aísles a tus colaboradores

Una de las características medulares de un buen líder es la capacidad de comprometer a todos los miembros de su equipo de trabajo. Cuando sucede lo contrario, tiemblan los cimientos de la organización. No olvides que tus colaboradores alcanzarán los objetivos de la compañía solo en la medida en que trabajen de la mano, de forma cohesionada. Este sentido de pertenencia funciona mejor cuando es grupal. Por lo tanto, no permitas que la dinámica del día a día te lleve a aislar a los miembros de tu organización. Procura en todo momento que exista una naturaleza grupal en las actividades, misiones y objetivos perseguidos por la compañía. No olvides que dos cabezas piensan mejor que una.

Mantén siempre la transparencia

La base de una cultura organizacional funcional es la confianza. Todas las actividades o tácticas que faciliten una comunicación transparente en el ámbito empresarial tendrán efectos inmediatos en la cultura de la misma. Si en la actualidad deseas construir una cultura organizacional basada en la transparencia, entonces tienes el compromiso de facilitar a tus empleados las herramientas necesarias para hacerlo. Las soluciones para esta problemática son a menudo sencillas: basta conseguir o desarrollar maneras en que los trabajadores puedan comunicarse entre sí de forma clara y directa para compartir información crucial.

Por tu parte, tienes algunas tareas que requerirán un cambio mental. Sin embargo, no es absoluto difícil. Solo requieres compromiso con la idea de que la cultura organizacional se obtiene a través de pasos como este.

Dos consejos de oro:

- No temas compartir los desafíos que la empresa tiene al corto, mediano o largo plazo. Te recomiendo que reúnas a tu equipo y les plantees la situación en que se encuentra la empresa frente a diversos acontecimientos (claro ejemplo Covid-19). Puedes, también, compararte con la persona más optimista de la sala, o con la que ha tenido mejores resultados en el último mes. Involucrarlos en tu percepción del futuro es una forma de invitarles a construir soluciones grupales.
- Habla abiertamente del éxito que ha tenido la compañía en diversos temas. Esto es fundamental, y debe ser el primer tema a tratarse en una reunión con tu equipo. Muéstrate optimista, da cifras exactas, atrévete a dar tu opinión personal sobre el futuro basándote en el talento de quienes se encuentran presentes en la sala.

Estoy seguro que, de esta manera, la transparencia será el denominador común en todos los niveles de tu organización.

Promueve un buen ambiente en tus equipos de trabajo

Las organizaciones son exitosas, fundamentalmente, por las acciones tomadas por todas aquellas personas que las conforman. Además, es bien sabido que en condiciones normales pasamos más tiempo en las oficinas que en nuestros hogares. Este hecho, aparentemente simple, basta para plantearnos la siguiente pregunta: ¿te quedarías en una compañía donde impera la incomodidad, la competitividad interna, la deslealtad y la poca transparencia? Creo que la respuesta es evidente. Un altísimo porcentaje de rotación laboral en la actualidad pasa por la poca capacidad de los líderes de entender que el ambiente de trabajo *es* vital desde todas las perspectivas posibles.

Promueve todos los cambios que consideres necesarios para que el ambiente de tu equipo de trabajo mejore. Para que trabajar en tu compañía sea como estar entre amigos, entre seres queridos que trabajan en armonía y compromiso para alcanzar un objetivo común. El ambiente es *fundamental* para la construcción de una cultura organizacional funcional y que apunte a la cima.

La cultura del éxito en las grandes empresas

La mejor forma de entender por qué algunas empresas son tan exitosas es adentrarse en las profundidades de sus culturas organizacionales. La relevancia de la cultura organizacional empieza a ser comprendida en su justa dimensión. ¿Quieres alcanzar la cima con tu compañía? ¿Realmente estás convencido de esto? Independientemente de cuál sea la actividad a la que dediques tus energías dentro de tu empresa, siempre es posible mejorar las condiciones en su interior. Para ello, hablaremos de algunas empresas profundamente innovadoras que han hecho de su cultura organizacional un sello, una marca indiscutible en el camino a la cumbre.

Recordando rápidamente lo que nos ofrece una cultura organizacional sólida es la identificación del colaborador con la visión de la compañía. Esta identificación, a su vez, se refleja en aspectos como:

- La motivación.
- El esfuerzo.
- La iniciativa.
- La participación genuina.

Eugenio Molini se refiere a este último ítem en los siguientes términos:

> En cualquier proceso de trabajo es claramente detectable el momento en el que un número de personas dan un paso adelante para trabajar juntas, autorregulándose, autoorganizándose y autogestionándose. Este es el "momento mágico" de la Participación Genuina, cuando el trabajo fluye por sí solo, sin necesidad de intervención externa. Es el momento en el que los presentes en la sala eligen libremente comprometerse con la tarea común, aceptando un encuadre pre-definido y trabajando en equipo manteniendo su plena autonomía.

Los siguientes casos no solo son icónicos y representativos en términos de éxito, también han supuesto un punto de inflexión en la forma en que interpretamos la cultura y la innovación como ejes constructores del éxito. Los casos que conocerás a continuación te servirán de base para cambiar tu perspectiva de la cultura y su influencia en la obtención de los mejores resultados posibles.

La cultura organizacional en Google

El crecimiento de Google ha sido tan dominante como increíble. La empresa, que hoy constituye el principal imperio en el campo de las nuevas tecnologías, ha sido caso de estudio por parte de académicos, especialistas y expertos en el tema empresarial. No en vano su crecimiento ha sido considerado como uno de los más impactantes en la historia corporativa. Ahora bien, ¿tienes alguna idea de qué va su cultura? ¿De cómo se ha construido desde su fundación?

Hace algunos años se hicieron virales algunas imágenes de salas corporativas lúdicas, de espacios comunes repletos de estaciones de juego, concebidos desde una modernidad absoluta. Para una empresa que ha constituido su éxito sobre la base de la innovación, no podíamos esperar otra cosa, ¿o sí? Columpios en lugar de ascensores, sillones increíbles para tomar una siesta en medio de la jornada, zonas verdes convertidas en parques de diversión a escala, entre otras excentricidades que hablan de Google como empresa y familia. Los espacios recreativos son denominador común dentro de sus instalaciones.

La verdad es que Google ha crecido exponencialmente por un sinfín de buenas decisiones, pero, ¿de dónde provienen estas? Se ha dicho mucho acerca de su cultura, de la identificación que sienten sus colaboradores con la marca que representan. Y la verdad es que el nivel de "sentido de propiedad" que tienen todos sus empleados es superlativo independientemente de la métrica que utilicemos. Para un ingeniero de Google, es común trabajar en una infraestructura totalmente fuera de lo convencional. Me refiero a trabajar en sofás, al aire libre, en cojines.

Otra de las claves que hacen de Google una empresa referencia en cuanto a su cultura de organización es la presencia de sus fundadores. Es común ver a Sergei Brin y Larry Page conversar, comer, compartir con sus colaboradores como si fuesen un par de profesionales más dentro de la inmensa estructura de la compañía. Esto, como fue referido en segmentos anteriores, fomenta un acercamiento que vale oro para la motivación de todos los implicados.

Para los amantes de las mascotas, en Google se permite llevar a nuestros amiguitos peludos y dejarlos a cargo de un Dog manager. Esto, en esencia, para romper la monotonía y robustecer la motivación de su personal.

En lo concerniente a la innovación, para nadie es un secreto que Google está en lo más alto de la lista. Gran parte de sus innovaciones han roto las reglas del juego. ¿Cómo han logrado, los fundadores, que su compañía sea genuinamente innovadora en todos sus aspectos? Una posible explicación es que los empleados pasan alrededor de 20% de su tiempo en proyectos personales, indiferentemente de si se encuentran en horario laboral o en las instalaciones de la empresa. De hecho, son muchos los casos en que estos proyectos terminan siendo comprados por la propia compañía. De alguna manera, este método invita a los colaboradores a esforzarse mucho más en preparar soluciones innovadoras a los problemas más complejos.

Para que tengas una idea más clara de la importancia de este método (que ellos han llamado "*the 20 percent time*"), estos son algunos de los productos resultantes de permitir a sus colaboradores trabajar en proyectos personales. Productos que, definitivamente, tienen un gran peso dentro del catálogo que compone la empresa y su imperio:

- Gmail.
- Google Now.
- Google Sky.
- Google News.
- Google Moderator.

Como habrás notado, muchos de los aspectos mencionados en el subcapítulo anterior, han sido aplicados por los directores de Google en su idea de una estructura que promueva la innovación en todos sus niveles. Basta leer el testimonio de quienes vivieron la experiencia de trabajar en Google para entender que el nivel de identificación y agradecimiento es total. Este es el resultado de una cultura organizacional que ofrece flexibilidad, empatía y responsabilidad al tiempo que exige compromiso, innovación y esfuerzo.

En resumidas cuentas, el éxito de la compañía es el resultado de sus prácticas diarias en torno a la idea de una cultura basada en la innovación donde:

1. El crecimiento personal es una obligación.
2. El ambiente es agradable y alimenta el trabajo.
3. Procesos de formación en temas tan trascendentales como Innovación y creatividad.
4. La oportunidad de que sus colaboradores administren su tiempo, dedicándole un 20% del total a proyectos de índole personal.

Los resultados de acciones innovadoras son increíbles, tanto si tu organización da sus primeros pasos como si tienes una compañía establecida en lo más alto. Sin embargo, cuando ocurre lo contrario los resultados no son en absoluto positivos. He tenido la oportunidad de conocer el interior de empresas que carecen de la cultura necesaria para impulsar el crecimiento y la identificación de sus colaboradores. Cuando esto sucede, no importa demasiado si cuentas con los virtuosos más importantes en el gremio, todo terminará decayendo significativamente.

La cultura organizacional en Amazon

Amazon es, sin dudas, el imperio corporativo más grande de la actualidad. De manera que, si quieres aprender todo lo necesario sobre cultura de organización para aplicarlo a tu propia compañía, no creo que encuentres mejor ejemplo que Amazon. Ahora bien, ¿qué significa la cultura para una empresa ha es icónica y representativa cuando hablamos de éxito? A continuación, te presentaré algunas de las claves de la cultura organizacional en Amazon.

1. En Amazon se fomenta la pasión por el cliente.

La pasión por el cliente es una de las competencias resultantes de la cultura dentro de Amazon. Si algo es evidente es que cuando nos sentimos realmente comprometidos con la visión de una compañía, amamos lo que hacemos, entregándonos a tiempo completo y sin remilgos a cualquier labor que se requiera para la consecución de los objetivos. Un profesional que se siente profundamente identificado dará el máximo de su capacidad para mejorar las condiciones de su entorno, lo que implica un enfoque de trabajo en equipo (ambiente), aunado a potentes prácticas de innovación. Conviene recordar en todo momento que la innovación es pieza clave en el éxito de esta compañía, pues ha servido de base para implementar soluciones rompedoras y totalmente nuevas en un mercado hambriento por ver satisfechas sus necesidades.

2. En Amazon te enseñan a sentirte bien con la curiosidad

La curiosidad es otra de las claves en la trayectoria de Jeff Bezos y su emporio. Una de las características innatas en la cultura de Amazon es que fomenta en sus colaboradores la idea de que está bien sentirse cómodos con la curiosidad. Y es que esta es un atributo fundamental para cualquier proceso que involucre construir soluciones nuevas y totalmente innovadoras. Esto implica aceptar que nunca se tiene toda la verdad, mucho menos si se tiene en cuenta la variabilidad del entorno profesional, tecnológico y digital.

Como lo refiere Tom Kelley en *Las diez caras de la innovación*:

> Considere la vida como un gran experimento y empezará a sentar las bases para un aprendizaje continuo. Contar con una organización que no deja de aprender es una parte imprescindible de la cultura de la innovación. El experimentador ayuda a mantener la frescura en la organización y está dispuesto a asumir riesgos calculados. Examine la historia de cualquier gran innovación y es muy probable que descubra la huella de un experimentador. A algunos afortunados les cae una manzana en la cabeza o tienen una idea brillante mientras se hallan sentados a la sombra de un árbol, pero en el caso del resto de los mortales la experimentación es uno de los mejores métodos para innovar. Por tanto, no se quede en la línea de salida intentando imaginar cómo será la carrera. Empiece a moverse y a probar cosas. Es muy probable que descubra un nuevo modo de ganar.

No por algo Jeff Bezos definió a Amazon como el mejor lugar del mundo para fallar, esto lo escribió en su carta anual para los accionistas de su compañía. Y es que para él, el fracaso y la invención son gemelos inseparables.

3. En Amazon se pide trabajar "siempre en versión Beta"

Para que tus colaboradores se conviertan en verdaderos innovadores, necesitan estar siempre atentos. Actuar "siempre en versión Beta" significa que, aunque un proyecto sea exitoso y esté generando los resultados esperados, siempre es posible perfeccionarlo. Este es en un enfoque que está constantemente presente en los colaboradores de esta compañía, que entienden que solo a través de acciones innovadoras pueden obtenerse los mejores resultados posibles. Construir este atributo de la cultura organizacional de Amazon supone un verdadero desafío al alcance de líderes y colaboradores dispuestos a aprender todo cuanto sea posible de una de las empresas más importantes en la historia de la humanidad.

La cultura organizacional en Coca-Cola

Coca-Cola es otra de las grandes empresas que se han caracterizado siempre por disponer de una cultura organizacional sólida, cuyas bases sostienen y fomentan la obtención de grandiosos resultados tanto en términos económicos como en lo pertinente a la felicidad y comodidad de sus colaboradores. Los valores que conforman el esqueleto de su cultura empresarial son:

- Colaboración
- Responsabilidad
- Diversidad

- Calidad
- Integridad
- Pasión
- Liderazgo.

Como notarás, cada uno de estos valores aporta un grano de arena al desarrollo de una cultura que se alimenta de sí misma con la puesta en práctica de acciones innovadoras y comprometidas por parte de quienes la conforman.

La transparencia es otro de los atributos principales en la cultura empresarial de Coca-Cola. Además de promover el liderazgo, la integración, la pasión y el optimismo. Cualquier testimonio tomado al azar de personas que desempeñaron funciones en esta empresa daría cuenta de una organización que se muestra sensible con sus colaboradores sin descuidar el nivel de exigencia que requiere jugar en las grandes ligas.

La cultura organizacional en Twitter

Si eres usuario frecuente de Twitter, has de saber que esta es otra de las compañías reconocidas mundialmente por una cultura empresarial robusta y funcional. Para entender esta realidad no hace falta ir demasiado lejos. Los colaboradores de esta compañía se encargan de darle poder a la marca Twitter con sus elocuentes y maravillosos halagos a sus métodos de trabajo.

El ambiente laboral es uno de los fuertes de Twitter. La organización del pájaro azul promueve la comodidad de sus empleados y, para ello, ha optado por métodos increíblemente novedosos y atractivos. Clases de yoga, conferencias al aire libre, vacaciones ilimitadas para algunos de los destinos más importantes del mundo, son solo algunos de los increíbles beneficios que otorga Twitter para impulsar y motivar a sus colaboradores a seguir dando el todo por el todo.

De acuerdo a una encuesta realizada por *Glassdoor*, la fidelidad e identificación de los colaboradores se debe principalmente a las estrategias lúdicas dentro de las jornadas laborales y a la transparencia comunicacional con los grandes directivos o ejecutivos de la compañía. Uno de los encuestados, según refiere la encuestadora, explicó sus motivos para estar tan contento con Twitter:

"Las juntas en la terraza son lo mejor, también el trabajo en equipo con mucha gente inteligente. Me encanta cómo los 10 valores fundamentales encaminan a la compañía a que sea cada vez mejor".

Capítulo 3

Alineando la cultura y mi organización

Puedes decir con orgullo que has abierto una puerta importantísima, cuya relación con el crecimiento de tu organización es inobjetable desde todos los puntos de vista. Ahora no solo conoces el valor de la innovación en cualquier compañía, también entiendes que sus valores son la base ideal para construir una cultura lo suficientemente sólida como para fomentar entre tus colaboradores atributos como la identificación, la participación genuina, la felicidad y, en última instancia, la pasión por lo que hacen. Y es que, si carecemos de pasión por aquello a lo que nos dedicamos, difícilmente obtengamos los resultados que esperamos.

Fomentar cualquier cambio estructural en una compañía requiere de un nivel de compromiso y de tacto altos, de allí la importancia de entender cómo funciona nuestro equipo de trabajo por más grande o pequeño que este sea en términos de adaptación y resistencia para, de esta manera, plantear las necesidades de la organización sin que esto implique un impacto demasiado profundo en sus expectativas como colaboradores. Después de todo, sentir miedo o ansiedad ante la posibilidad de vivir cambios importantes es algo intrínseco al ser humano. La buena noticia es, para aliviar este impacto, bastan algunos trucos significativos que te enseñaré a lo largo de estas páginas.

El capítulo que leerás a continuación contiene, entre sus páginas, algunos subcapítulos que constituyen una plataforma de despegue para que alinees la cultura a tu organización de forma sencilla, funcional y objetiva. Esto teniendo en cuenta que a tu compañía la conforman personas, y que estas tienen a su vez subjetividades, expectativas individuales, condicionamientos y propósitos. Una cultura idónea fomenta la identificación, tal como se refiere en el capítulo anterior. Encontrar esta identificación entre el profesional y la organización es un reto, desde luego, pero es necesario para sobrevivir en un entorno profesional donde cada vez se torna más complejo y competitivo en muchos aspectos.

La finalidad de este capítulo es, precisamente, que aprendas todo lo concerniente para alinear la cultura con tu organización y de esta manera conseguir avanzar sustancialmente hacia la consecución de tus objetivos corporativos. Esta necesidad es la que ha definido buena parte de las propuestas que te he presentado hasta ahora. La necesidad de subsistir a un entorno cambiante, que fluctúa de acuerdo a métricas que muchas veces no comprendemos o que nos son imposibles de manipular. Por ejemplo, la depresión económica por la contingencia del Covid-19 es un factor externo que afectará (sin dudas) la funcionalidad de todas las empresas. Lo que diferencia a un líder exitoso del resto es su capacidad de reacción frente a este tipo de acontecimientos. Mientras que la mayoría de los líderes se limitan a la estrategia más sencilla (cerrar puertas, reducir personal, cerrar filas); los líderes innovadores buscan la manera de que estas nuevas circunstancias sean el caldo de cultivo para soluciones más innovadoras y necesarias.

Esta es la razón por la que la innovación es importante. Pero, más allá de *innovar*, el éxito de una empresa dependerá de cómo insertamos la "necesidad de innovación" en el script con el que nos dirigimos a nuestros colaboradores, impulsándoles a que sus acciones cambien para que cambien los resultados. Hacerles entender que innovar es sobrevivir es una tarea que exige acciones concretas y un enfoque sólido. De esto te hablaré en las páginas que estás por leer. La estructura de este capítulo es bastante sencilla, y está orientada a ofrecerte todas las recomendaciones y reflexiones necesarias para que alinees la cultura a tu organización. Estas serán herramientas de subsistencia, de utilidad vital, porque solo a través de unos colaboradores alineados con los propósitos de tu compañía podrán salir bien parados de todas las adversidades del camino.

En el primer segmento, Reconoce la innovación en tu compañía, te ofrezco algunas tácticas elementales que te llevarán a entender con mayor solidez cuál es tu situación y la de tus colaboradores utilizando tu compañía como material de análisis. Para entender si tu empresa es lo suficientemente innovadora, se requiere enfoque y mucho criterio. La buena noticia es que aquí aprenderás todo lo que necesitas saber para elaborar un diagnóstico adecuado y, en consecuencia, aplicar todos los correctivos pertinentes para que la cultura dentro de tu empresa vaya siempre dirigida hacia la innovación, hacia nuevas formas de actuar frente a los acontecimientos externos e internos.

El segundo segmento, Sentirnos seguros para crecer, contiene algunas referencias importantes para que la acción sea el eje principal. Recuerda siempre que quien no se mueve, no llegará a ningún destino. Las acciones que tomamos en nuestro día a día son fundamentalmente claves porque funcionan como herramientas. Imagina que estás en un bote y que no dispones de remos u otras herramientas para llegar a tierra. Dependerás de la corriente, de su violencia, que puede llevarte a tu destino, pero también puede sumergirte para siempre. Las recomendaciones puestas a tu disposición en este subcapítulo son los remos que necesitarás para cruzar ese lago al margen de la corriente.

En el tercer segmento, titulado Convertirte en un hacker cultural, hablaremos de un concepto que ha supuesto un rompimiento con las viejas formas de persuadir en los programas mentales de una persona u organización. ¿Qué significa ser un hacker cultural? ¿Cuáles son las ventajas y beneficios de convertirnos en uno? ¿Por qué serlo se ha vuelto tan importante para el desarrollo cultural e innovador de las organizaciones? Además, te enseñaré 10 ejemplos claros de hacks de cultura y cómo aplicarlos en el interior de tu compañía para impulsar cambios en el enfoque y en las acciones de tus colaboradores.

El cuarto subcapítulo, Menos palabras, más acciones innovadoras, es una pequeña guía para la acción. En estas páginas no solo sabrás reconocer la increíble efectividad de las acciones como ejemplo, sino que entenderás por qué es tan importante implementar acciones concretas (de naturaleza innovadora) que hablen por ti. Es bien sabido que el ser humano es por naturaleza resistente al cambio. Cuando la idea de cambiar nuestras rutinas se verbaliza, entonces nos sentimos invadidos, cuestionados. Por lo tanto, la premisa es que sustituyas los profusos monólogos sobre innovación y crecimiento, sustituyéndolos por pequeñas acciones que se implanten en el subconsciente de tu equipo, creando así una cultura organizacional basada en el rompimiento y la innovación.

¿Cómo reconocer la innovación en tu compañía?

Quienes han dedicado parte de su vida a construir o mantener una empresa sólida están a merced de las circunstancias que pueden presentarse afuera, en *lo externo*. Pero, cuando una empresa ha desarrollado una cultura basada en la innovación, estas condiciones externas no suponen una verdadera amenaza. Después de todo, innovar no es más que una forma de leer los acontecimientos que suceden a nuestro alrededor. De allí nace la importancia de fomentar este atributo en nuestra compañía para que, en los momentos difíciles, nuestros colaboradores no sientan miedo. Por el contrario, una persona genuinamente innovadora entiende que las dificultades son el mejor impulsor para ofrecer soluciones totalmente nuevas que nos diferencien del resto.

Ahora bien, antes es fundamental que entendamos si nuestra empresa se encuentra en el camino de la innovación. ¿Te lo has planteado? Recuerda que, como líder, tienes la responsabilidad de dar el primer paso para elaborar todos los diagnósticos concernientes a la "salud" de tu empresa. Si no sabes cómo hacerlo, como conocer a plenitud la situación de tu empresa en términos de innovación, despreocúpate. Existen algunas claves para elaborar un análisis y diagnóstico sólidos.

¿Mi compañía es lo suficientemente innovadora para superar cualquier obstáculo? ¿Existen elementos que me impiden ser innovador? ¿Las circunstancias actuales me exigen innovar constantemente? ¿Qué acciones innovadores se han tomado respecto al Covid-19? Estas preguntas obtendrán sus respectivas respuestas si sabes cómo evaluar tu situación de forma objetiva, crítica y ecuánime. Siempre tenemos la opción de contratar expertos externos que hagan este trabajo, pero al término de este segmento no necesitarás acudir a más nadie que a ti. Como líder integral, el éxito de tu empresa depende exclusivamente de ti, de las decisiones que tomes para que las condiciones internas estén alineadas con el objetivo que persigues.

Desafortunadamente, la innovación es para muchas empresas un discurso carente de prácticas. En lo sucesivo, como es de esperarse, estas empresas no obtendrán los resultados esperados ni alcanzarán sus objetivos hasta tanto acompañen lo teórico con acciones puntuales que incidan significativamente en el comportamiento de todos aquellos que hacen vida dentro de la compañía. A continuación, algunas herramientas, preguntas y pequeñas acciones que te permitirán identificar si la innovación es denominador común en tu compañía o si, por el contrario, requieres trabajar concienzudamente en la construcción de acciones innovadoras que resulten en una cultura sólida.

- **¿*Es importante la investigación para tu compañía?*** Lo que ha convertido a Google en una de la empresa más innovadora es su hambre de conocimientos. Para los directores y líderes de Google, la investigación juega un papel determinante en muchos sentidos, no solo en lo concerniente a la creación de nuevos productos y servicios. El tipo de compañías que entienden el rol de la investigación son usualmente innovadoras, puesto que no se encierran en burbujas y tienen la valentía para enfrentar los cambios que tienen lugar en el entorno profesional. Otro ejemplo bastante claro es Apple, que para el año 2018 invirtió cerca de dos mil millones de dólares en actividades inherentes a la investigación y desarrollo.

- **¿*Castigas los fallos de tu equipo?*** Innovar es un proceso arriesgado. No siempre los resultados serán los que esperamos; entender que en el camino de la innovación existe la posibilidad de fracasar es absolutamente necesario. En lo sucesivo, si en tu empresa se castiga significativamente los fallos de tu equipo, entonces no tienes una compañía basada en la innovación. Porque, volviendo a la definición, ¿qué es innovar? Es romper con las formas tradicionales de hacer algo. Implica tomar la iniciativa de construir soluciones disruptivas o nuevas frente a problemáticas arraigadas en el consumidor. Por lo tanto, si quieres una empresa innovadora, con la cultura adecuada, acepte y entiende que los fallos estarán siempre a la orden del día.

- ***¿En tu empresa solo se trabaja en el desarrollo de los productos?*** El concepto innovación es amplio y puede ser aplicado a muchos sectores en el interior de una empresa. SI en el quehacer diario tu compañía solo está innovando en lo concerniente al desarrollo de productos o servicios, me temo que tendrás que ponerte manos a la obra para generar cambios en cuanto al enfoque tanto de los líderes como de los colaboradores que participan activamente en ella. Las empresas que realmente tienen una cultura de innovación se preocupan por aplicar esta a distintos factores. Innovar en los procesos, en la gestión, en la comunicación, en las formas para fomentar el crecimiento y la profesionalización de los empleados. En fin, lo que hace de la innovación un concepto tan maravilloso es su adaptabilidad y aplicabilidad en distintos sectores.

- **¿Existe una cultura de apertura al otro, de fluido intercambio de ideas?** Un entorno de confianza es medular en todas las empresas innovadoras. Esto implica apertura al otro, a aceptar las ideas nuevas tanto de nuestros pares como de quienes lideran los distintos procesos de producción e innovación. Cuando existe una cultura de confianza y apertura, difícilmente las personas se sienten incómodas. Si entendemos, pues, que la comodidad es una plataforma ideal para que los colaboradores se esfuercen más en construir soluciones innovadoras a las necesidades del mercado, entonces está en ti fomentar una cultura de confianza, donde se respeten todas las ideas sin distinción alguna. Esto marcará una diferencia significativa frente a las otras compañías.
- **¿Todas las personas están involucradas en la visión organizacional?** Aunque parezca una obviedad, muchos líderes cometen el error de asociar la innovación únicamente con los procesos creativos en el desarrollo de un producto o servicio. Si bien es cierto que existe una relación entre estos elementos, la clave para entender si tienes una compañía innovadora pasa por el

conocimiento de tus colaboradores. Los equipos de trabajo que están profundamente identificados con la visión organizacional a menudo se esfuerzan más para la obtención de resultados porque, en definitiva, han desarrollado un sentido de propiedad que los lleva a sentirse partes activas de los objetivos cumplidos. Si en tu empresa no se dan conductas de lealtad o fidelidad, es el resultado de una cultura de innovación pobre.

Construir innovación no es una labor al alcance de empresas gigantescas. Todos los líderes, independientemente del tamaño de su empresa, que tenga la intención de innovar podrán hacerlo siempre y cuando se hagan consciente de que lo primero es diagnosticar las condiciones en que se encuentra su organización. Carlos Domingo plantea la importancia de identificar una necesidad o un problema en el ámbito organizacional. El siguiente fragmento se extrae del libro *El viaje de la innovación*:

> Sin olvidar que innovación es invención y comercialización con éxito, ahora necesitamos inventarnos algo que nuestros futuros clientes quieran usar e incluso por lo que quieran pagar. Para ello, está claro que hemos de resolver un problema o una necesidad que tengan que no esté resuelta correctamente con los productos o servicios actuales.

Esto es lo que se conoce como propuesta de valor, es decir, qué producto o servicio podemos ofertar a nuestros clientes para que realicen una tarea o trabajo de forma más eficiente, fiable, conveniente o, simplemente, más asequible.

Muchas de las innovaciones de éxito han empezado, precisamente, por la necesidad de realizar una tarea para la cual no se han encontrado herramientas que permitan llevarla a cabo de forma satisfactoria, lo que ha llevado a desarrollarlas y posteriormente comercializarlas con éxito. Estas personas tenían una necesidad latente que luego ha resultado ser común a muchísima más gente y que no tenían forma de resolver dando lugar a la creación de un nuevo producto o servicio.

Menos palabras, más acciones innovadoras

A menudo las empresas tienen problemas para alcanzar un grado óptimo de innovación porque se detienen en el discurso. Si bien es cierto que transmitir una idea o propósito a los colaboradores es de gran importancia, esta pierde todo efecto cuando los líderes no acompañan el discurso de acciones concretas, focalizadas, que sirvan de ejemplo para fijar el rumbo que la organización quiere construir. Recuerda que las palabras tienen un efecto profundo en las personas, pero este efecto se ve sustancialmente potenciado cuando al tiempo proponemos planes de acción que vayan de la mano, siempre en coherencia, con lo que hemos dicho.

La verdad es que tomar acciones es el único modo para concretar objetivos. Independientemente del producto o servicio que comercialices, siempre necesitarás establecer líneas de acción bien definidas para que la consecución del objetivo general no se distorsione en el camino. Créeme cuando digo que los colaboradores de tu compañía verán con buenos ojos cuando un plan trasciende lo teórico y se traslada a la práctica constante en el quehacer diario. Es por ello que te invito, ahora y siempre, a promover acciones innovadoras que refuercen la cultura dentro de tu organización. De esta manera no solo obtendrás los resultados que tanto anhelas, sino que irás construyendo en el camino una cultura lo suficientemente sólida que, en consecuencia, resultará en la identificación y fidelidad absolutas de tus colaboradores.

Son muchos los obstáculos que impiden que un profesional desempeñe su creatividad en aras de la construcción de soluciones innovadoras. Algunos de los más comunes son:

o Falta de entrenamiento sobre el tema.

- o Miedo a lo desconocido.
- o Deseo de mantenerse solo cumpliendo con lo mínimo solicitado.
- o Falta de creencia en los valores y fortalezas personales.

En cuanto a la empresa, los obstáculos más frecuentes son:

- o Sistemas tradicionales de dirección, de tipo vertical y productivista.
- o Inseguridad personal de los líderes.
- o Formación memorística y poco generadoras de procesos creativos.

Las acciones, pues, se tornan fundamentales para que un cambio se dé de la mejor manera posible, es decir mediante una transición de enfoque sencilla. Conseguirlo es imprescindible. En caso contrario, el trabajador sentirá que sus habilidades están siendo cuestionadas en lugar de entender que innovar y resolver desde la creatividad son atributos más que necesarios en un entorno profesional cada vez más cambiante.

A continuación, algunas pequeñas acciones culturales que aportarán grandes ventajas a tu compañía en términos de innovación:

- • Identifica el destino al que quieres llegar: esto supone muchas veces enfrentarnos con cuestionamientos a nosotros mismos como líderes. No te sientas mal con esto. El hecho de que hoy te preguntes cuestiones que parecían resueltas al principio de tu experiencia organizacional no significa, en absoluto, que dudes de ti mismo. Te recomiendo que lo interpretes desde un enfoque contario: piensa en que eres un líder capaz, pragmático, que entiende a la perfección que el mundo empresarial es un lugar sumamente variable, por lo que cada cierto tiempo está bien aplicar reajustes en cuanto al propósito de la compañía.

- Sé el ejemplo: nada mueve y nos mueve más como individuos que el ejemplo. Si lo piensas por un momento, te darás cuenta de que todas las conductas y comportamientos que hoy nos constituyen como seres humanos tienen su razón de ser en alguien más. En los primeros años de vida, simulamos el movimiento de nuestros padres; cuando empezamos a caminar, lo hacemos inspirados por los muchos ejemplos que encontramos alrededor. Del mismo modo, una de las pequeñas acciones culturales para fomentar la innovación es ofrecer a los trabajadores un ejemplo claro desde el punto de vista de nuestro comportamiento. Comparte con ellos, muéstrate cercano. Al hacerlo, inconscientemente les invitas a replicar este comportamiento entre ellos. Es increíble el efecto que se genera.

- Comunicación constante y funcional: es imposible ser novedoso o tomar acciones innovadoras si estamos condicionados por el miedo. Uno de los errores más grandes que cometen las empresas es permitir (implícitamente) que el fallo sea castigado. Si, por ejemplo, uno de tus colaboradores cree tener una idea importante para salir de determinado embudo, no la dirá en la reunión de trabajo si siente que al hacerlo se le maltratará públicamente. Una vez más esto puede ser contrarrestado cuando aplicamos el ejemplo. Involúcrate activamente en alguna de esas reuniones e invita a todos a participar. Si alguno de tus colaboradores aporta una idea que no es tan buena como se cree, agradece el esfuerzo y no permitas bajo ningún concepto que se le veje por ello.

Solo a través de las acciones conseguirás implementar una cultura funcional en tu compañía. Ahora, si te interesa que tu organización funciona como un sinfín de engranes, todos orientados a la innovación más funcional posible, entonces tendrás que involucrarte mucho más en cómo se construye esta cultura desde y hacia acciones concretas. Hacerlo es un desafío para un líder que está acostumbrado a "tomar decisiones desde arriba", pero tú tienes el compromiso genuino de cambiar las condiciones de trabajo y producción de tu compañía, por lo que tengo la sensación de que sabrás adecuarte de maravilla a estas recomendaciones. Recuerda que el discurso es muy importante, hablar de innovación y de cultura, pero lo son aún más las acciones que apunten a construir esta cultura.

A partir de ahora, estoy seguro de que conseguirás un mejor enfoque en cuanto a la cultura de tu compañía. Muchas veces caemos en esa vieja trampa del discurso, descuidando las acciones que hacen que este discurso adquiera una forma consistente en la realidad. No te conviertas en un divulgador de esperanzas de innovación, porque ya hay millones de líderes como ese; tú enfoca toda tu atención y tu energía en construir la cultura de tu organización con acciones concretas e innovadoras. De otra manera, no llegarás a la cima que sueñas. Conviértete, pues, en el director que se arremanga la camisa para enseñar a sus colegas con el ejemplo. Recordemos, en este sentido, la definición que nos provee Harold Koontz en su libro *Elementos de la administración* sobre qué significa la palabra dirección:

> La dirección consiste en influir en las personas de modo que contribuyan a las metas de las organizaciones y grupos. En particular se relaciona con el aspecto de trato personal de la administración. Todos los administradores estarán de acuerdo en que los problemas más importantes tienen que ver con la gente: sus deseos y actitudes, su comportamiento como individuos y en grupo. Los buenos administradores también tienen que ser líderes eficaces. Como el liderazgo requiere seguidores y los empleados siguen a quienes les ofrecen un medio para satisfacer sus necesidades, anhelos y deseos, es entendible que la dirección comprenda la motivación, estilos y métodos de liderazgo y comunicación. En la quinta parte abordamos los fundamentos de estos temas.

Sentirnos seguros para crecer

Todas las herramientas o enfoques que te permitan generar las condiciones idóneas para el crecimiento de tu compañía son válidos e igual de importantes. Mucho tiene que ver, en este sentido, el tipo de liderazgos que permitas dentro de los distintos círculos de la estructura jerárquica. Todo el que haya tenido alguna experiencia laboral significativa en una empresa sabe que hay líderes excepcionales y líderes que solo promueven la competitividad entre todos los miembros de su equipo de trabajo. En algunos casos, se requiere de un director o líder que fomente aspectos como la competitividad, pero esto no siempre funciona de la misma manera.

Las características que definen a un líder, en ocasiones, vienen determinadas por su personalidad, por su forma de ser. En otros casos estas son el resultado de años de aprendizaje y experiencia en retos empresariales anteriores. Sea cual fuere tu caso, este es un buen momento para clasificar (tanto a ti mismo como a los distintos líderes de tu organización) y preguntarte si ese es el estilo de liderazgo que promueve la innovación como eje constructor de las mejores soluciones. Recuerda que hacerlo no necesariamente significa que lo has estado haciendo mal. Todo lo contrario, es un indicador de que tienes un nivel óptimo de adaptabilidad frente a los cambios que sufre el mundo cada día.

El liderazgo es muy importante en la empresa del mismo modo que una embarcación necesita de un capitán intuitivo y experimentado para llegar a su destino sin daños permanentes. Las reglas del mundo cambian constantemente; los líderes deben sentirse relativamente cómodos en esta variabilidad para que el impacto no redunde en una equivocada toma de decisiones o, lo que es peor, en el congelamiento.

La pandemia global Covid-19 ha supuesto un verdadero huracán en materia económica y sanitaria. Cientos de pequeñas y medianas empresas han tenido que cerrar sus operaciones tras el confinamiento forzoso decretado por los Estados en aras de romper con la propagación del virus. Para nadie es un secreto que los daños económicos serán cuantiosos. Ahora, ¿por qué este tipo de escenarios es rutina para un líder innovador? Porque sienta las bases para soluciones disruptivas, para "tomar el mercado" al tiempo que se diferencia de la competencia.

Chara Ran, en *Liderazgo en tiempos de incertidumbre*, habla sobre las crisis económicas y la necesidad de tener líderes audaces para sortear los obstáculos intrínsecos a cualquier coyuntura de estas características:

> Como muchos CEO, es probable que haya guiado a su compañía mediante muy pequeños cambios graduales durante los años de bonanza. Ahora no hay tiempo para esas pequeñas correcciones de rumbo. Sus acciones tienen que ser audaces, sin indecisiones, si es que va a transmitir seguridad. También debe ser transparente, es decir, explicar cómo llegó a esa decisión, por qué cree que es la mejor y cómo sus acciones llevarán a la compañía

hacia su visión de lo que se necesita. Realice movimientos ofensivos, no sólo defensivos, como recortar profundamente costos en respuesta a bajos ingresos. Toda crisis económica sostenida genera oportunidades para aquellos que estén listos para tomarlas.

Las oportunidades generadas por una crisis económica pueden ser capitalizadas solo en función de la confianza que hayas fomentado entre tu equipo de trabajo. Nadie que esté asustado producirá ideas disruptivas, es cuestión de sentido común. Ahora, si como líder garantizas las condiciones para que innovar sea ley de vida dentro de la organización, entonces la empresa podrá sortear las difíciles circunstancias que existen allá afuera. Ahora bien, ¿te has preguntado qué tipo de líder eres? O, en su defecto, ¿qué cultura de liderazgo has facilitado en tu organización? Estos son los 5 tipos de liderazgos más comunes en la actualidad. Este es un buen momento para autoevaluarte con objetividad y ecuanimidad.

- El líder genuino: es fácil reconocer a un líder natural dentro de la compañía. Usualmente este tipo de personas no ostentan grandes cargos (porque están en etapa de crecimiento) ni forman parte de las juntas directivas. Un líder genuino es aquel que toma la iniciativa cuando otros se esconden debajo de sus escritorios. Es quien tiene la chispa necesaria para motivar incluso en el peor de los escenarios. Cumplen este rol a la perfección. Un líder natural surge del día a día; en función a su responsabilidad, a sus habilidades (tanto blandas como "duras") y a su capacidad de resistencia, con ello termina convirtiéndose en una especie de caudillo dentro de los equipos. Generalmente, con el desarrollo de sus carreras, llegan siempre a las cimas de la estructura jerárquica.

- El líder autocrático: si profundizamos en las raíces etimológicas de la palabra "autocrático", entenderemos a conciencia de qué se trata este tipo de liderazgo. Autos (por sí mismo) y cratos (poder), este es el tipo de líder que se otorga el poder así mismo. Usualmente, a estos líderes no les importa demasiado la comodidad de sus colaboradores, ya que su enfoque trasciende a la cultura organizacional. Esto quiere decir que para alcanzar sus objetivos pasará por encima de quien sea necesario, incluyendo a sus propios equipos de trabajo. Otra de sus características es que no acepta cuestionamiento alguno ni promueve la confianza entre sus colaboradores. A menudo, todo cuanto sucede bajo su dominio recae sobre él. Es el peor de los tipos de líderes de la lista, por mucho.

- El líder democrático: lo que caracteriza a un líder democrático es su habilidad para fomentar la participación equitativa de todos los colaboradores que trabajan bajo sus órdenes. Es capaz de entregar labores de gran peso a un colaborador con poco tiempo en la empresa solo para transmitir el mensaje de que todos deben estar preparados, en todo momento, para tomar protagonismo frente a determinada problemática. Aunque el líder sigue siendo quien tiene la última palabra sobre las decisiones de peso, se toma el tiempo necesario para escuchar, cavilar, sopesar y calificar las ideas que llegan por parte de su equipo. La premisa de su liderazgo es la participación; este es un modelo que genera gran satisfacción en los miembros, robusteciendo atributos como la motivación, la autoconfianza y la felicidad.
- El líder carismático: este es el liderazgo más común en los tiempos que corren. Pero, ¿por qué? Porque un buen número de empresas han entendido que las emociones

y sentimientos juegan un papel determinante en la situación personal de cada profesional. De allí la necesidad de tener líderes que sean hábiles (en lo social, en el control emocional y en las habilidades inherentes) para sacar lo mejor de sus equipos. El liderazgo carismático se caracteriza por una fuerte personalidad que fomenta el crecimiento, la participación y el reconocimiento en su justa medida. Ahora bien, no todo es perfecto. Uno de los riesgos siempre presentes en este tipo de liderazgo es que la estructura puede tambalear cuando este decide salir de la organización. ¿Las razones? Su arrolladora personalidad y las emociones positivas que atrae hacia sí durante su gestión.

- El líder transformacional: el liderazgo transformacional es, sin dudas, el más completo de todos los que he referido en esta lista. ¿Por qué? Fundamentalmente porque mezcla lo mejor de todos los mundos, incorporándolos a una personalidad objetiva, con criterio propio y capacidad para sacar adelante a cualquier empresa o grupo de trabajo. El líder transformacional es carismático por naturaleza, además de que fomenta la participación masiva de sus colaboradores del mismo modo que lo haría un líder democrático. Por otra parte, es perfectamente capaz de ejercer autoridad sin que ello implique acciones autocráticas o que pongan en riesgo el equilibrio emocional y psíquico de su equipo de trabajo. Este es el tipo de liderazgo más enriquecedor porque sabe cómo sacar lo mejor de su equipo de cara a un mundo cambiante y difícil.

Puedes notar que, independientemente de cuál sea tu tipo de liderazgo, generar confianza es imprescindible. Permítete liberar a tus colegas, compañeros y colaboradores del miedo. Te garantizo que, desde el momento en que les das la autonomía suficiente para solventar diversos inconvenientes, encontrarás un sinfín de soluciones innovadoras de gran nivel. Esta es la razón del éxito de Google y Apple, por citar solo dos ejemplos bastante representativos de lo que genera la autonomía en los equipos de trabajo innovadores.

Es bien sabido que cuando alguien puede experimentar, explorar, aprender y cambiar todo lo concerniente a sus propias soluciones, trabajará más libremente y generará mejores resultados. Tú, como líder, puedes estar presente en todas las etapas y momentos del trabajo de tu equipo, pero cuando has desarrollado la cultura de autonomía, esto no supondrá una amenaza o intimidación para los colaboradores, con quienes podrás compartir comentarios en perfecta armonía sin irrumpir en sus voluntades como profesionales. Ayudarse y crecer mutuamente es un propósito que deberá estar presente en cada uno de los rincones de tu compañía. "La seguridad se trata en última instancia de crear un entorno donde todos puedan prosperar".

Estas son algunas de las prácticas más comunes entre los CEO de las compañías innovadoras más grandes que existen en la actualidad. Estoy seguro de que muchos de estos enfoques podrán ser aplicados a tu organización.

- o La comunicación abierta, asertiva: somos animales sociales. La comunicación es necesaria para cada pequeño movimiento que quieras hacer en tu vida, tanto si quieres comprar un café como dar un discurso por el premio Nobel de Economía. En el contexto organizacional, la comunicación abierta mantiene vigente el canal de contacto entre tú como líder y tus colaboradores.

- El conflicto: se trata de un acuerdo tácito entre todas las partes. Este trato establece (implícita o explícitamente) que cuando se presente algún inconveniente, se tratará el conflicto con todo el profesionalismo del caso.
- El bienestar profesional: la retroalimentación; no escatimes comentarios sobre la productividad de tu equipo. Comentarios informales sobre el desempeño y la trayectoria profesional. Así entregas poder para que ellos trabajen con confianza entendiendo que se les reconoce como una figura importante en la compañía.
- Inclusión: si quieres crear las condiciones para que tu equipo trabaje con seguridad en sí mismo, entonces es necesario que practiques ejercicios de inclusión en diversos momentos de la jornada. La idea de estas prácticas es que todos se sientan valorados y respetados por igual.

Conviértete en un hacker cultural

¿Habías escuchado hablar antes de los hackers culturales? ¿Qué significan en la realidad objetiva de una empresa? Antes de ahondar este novedoso concepto, que ha ganado adeptos en los últimos años, es vital reconocer nuevamente que la cultura organizacional es una de las claves vitales en todo lo concerniente a las empresas. Sin haber desarrollado una cultura sólida, es difícil transformar las condiciones estructurales de estas, lo que inevitablemente resulta en un claro obstáculo para concretar soluciones innovadoras ante las problemáticas que supone el entorno. Si partimos de esta premisa, conviene tomar acciones concretas para desarrollar la cultura que tu empresa requiere para conseguir su objetivo.

La cuestión de la cultura empresarial puede tornarse complicada para muchos grandes líderes, independientemente de sus condiciones. Ahora bien, convertirte en un hacker cultural es una técnica inobjetable, que te garantiza resultados inmediatos una vez que pones en práctica todos los instrumentos necesarios. No te preocupes, este último subcapítulo persigue como único fin enseñarte todo lo relacionado al concepto de un hacker cultural. ¿Es posible hackear la cultura? La verdad es que sí. Todo sistema puede ser interrumpido y modificado a nuestro favor, si sabemos cómo hacerlo. Eso es lo que aprenderás en los próximos párrafos. De manera que, si has identificado carencias en la cultura de tu compañía, este es un tema que te interesará sobradamente.

Hackear es, por definición, hacer pequeños ajustes en un sistema. En condiciones normales, esta palabra es asociada con especialistas informáticos que ponen en práctica un conjunto de habilidades técnicas para entrometerse en el funcionamiento de determinado sistema o algoritmo para modificarlo desde su interior. ¿Qué te parece si extrapolamos este concepto, llevándolo a la parte corporativa? Es posible. Además, este método ha pasado a formar parte de un instrumento rápido, con resultados a corto plazo. Afortunadamente, no necesitas acudir a la ayuda de un especialista para lograrlo. Puedes hacerlo por cuenta propia siguiendo algunos ejemplos y recomendaciones que te presentaré a continuación. Por ahora, es imprescindible que entiendas que un hack cultural funciona de acuerdo a algunas características bastante reconocibles.

De acuerdo a un estudio realizado por la consultora Gartner en 2018, en esencia, un hack cultural debe ser:

- o Emocional: el hack es un truco que desencadena una rápida respuesta emocional por parte de las personas implicadas. Esto es fundamental. La neurociencia ha establecido a través de diversos estudios que las manifestaciones emocionales son más memorables que aquellas racionalizadas. Además, todos los cambios que establecemos en nuestras vidas son fundamentalmente emocionales. Esto debido a que nuestro cerebro reacciona de forma automática a lo que ha generado sensaciones fuertes en nosotros.

o Inmediata: las reacciones o manifestaciones una vez empezado el trabajo del hack deben ser inmediatas en función de que estas se producen en la parte emocional de las personas. Emociones comunes en procesos como estos son rabia, sorpresa, asombro, incomodidad o euforia.

o Visible: otra característica del trabajo de un hack es que va dirigido a todas las personas que conforman el grupo de trabajo. Por lo tanto, el truco debe ser manifiesto y visible en todos los tramos de su aplicación. La mejor forma de contemplar si esta característica se cumple es monitoreando las reacciones emocionales de las personas.

o Requerir poco esfuerzo: el hack es un método de mucho valor, aunque no requiera demasiado tiempo para obtener resultados palpables. Si tu hack requiere un trabajo constante de una semana, o más, no es un hack. Debe ser un proceso que se basa en la emocionalidad de las personas, por lo que sus consecuencias pueden notarse casi de forma inmediata.

Cualquier alteración en alguna de estas características supondrá nuevos desafíos. Por lo tanto, como líder debes procurar que tu hack cultural sea emocional, inmediata, visible y que no exija un esfuerzo desmesurado para que los resultados se noten. La práctica de este truco es cada vez más frecuente en las empresas. A continuación, te presento 3 ejemplos bastante claros de hackers que están a nuestro alrededor y que, quizá, no hemos identificado como tales.

- Blog personal para fomentar una cultura menos formal

He conocido muchos casos de hackeo cultural que, en distintos niveles, me han entusiasmado y sorprendido sobremanera. Uno de ellos es este: se trata de un director que recientemente se incorporó a una compañía de talla global. Su intención, desde el principio, fue transformar la estructura "demasiado formal" de la cultura que allí existía. ¡Y vaya que lo consiguió! Ahora, ¿qué truco utilizó nuestro querido amigo para lograr su objetivo? Lo único que hizo fue crear un blog corporativo donde diariamente hablaba sobre diversos temas del entorno empresarial. Para ello, se basó en un lenguaje mucho más ligero, diametralmente menos formal de lo que sus colaboradores estaban acostumbrados.

Imagina por un instante que trabajas en una empresa y que el nuevo CEO rompe con lo establecido, lo formal, utilizando precisamente el blog corporativo para transmitir ideas con un lenguaje fresco, claramente diferenciado de la lengua utilizado anteriormente en la compañía. Esto supuso reacciones inmediatas, emocionales y visibles. Como CEO, sus publicaciones eran recomendadas y dirigidas a todos los colaboradores de la compañía, por lo que garantizó una distribución masiva de su nuevo aporte, un lenguaje informal y mucho más relajado.

- Un mensaje contundente

Hace poco tuve la oportunidad de conocer a un hombre al que querían contratar como CEO en una compañía multinacional. La idea de su contratación era que implementara de forma exitosa un nuevo ERP (sistema de planificación de recursos empresariales) para todas las plataformas de la empresa. Se le hizo especial énfasis en las ventajas de implementar un nuevo ERP, dentro de las que destacan la reducción de algunos puestos administrativos en aras de reducir costos. Por suerte, nuestro compañero ya había conocido de experiencias pasadas que le permitieron entender que estos beneficios pueden ser más ilusorios que objetivos. Así que lanzó su pequeño hack, incluso a riesgo de que resultara contraproducente. El entonces candidato a CEO aceptó siempre que se cumpliera una condición: antes de empezar con la implementación del ERP, necesitaría la lista de los nombres administrativos de los que tendría que prescindir.

Esta fue una estrategia muy arriesgada, pero que cumplió con todas las características mencionadas al inicio de este segmento: fue un truco que desencadenó respuestas emocionales, inmediatas, visibles y que no supuso demasiado esfuerzo.

- Hackear las reuniones

Recientemente supe del caso de un CEO que utilizó una estrategia muy ágil en función de los resultados obtenidos. Su táctica tuvo que ver con la interrupción de todas las reuniones que se llevaban a cabo en la empresa durante un día determinado. En cada una de estas reuniones planteó la misma interrogante: ¿de qué manera esta reunión está avanzando en relación a la estrategia que se les mencionó ayer? Como era de esperarse, ninguno de los ponentes fue capaz de responder de manera asertiva. En primer lugar, porque la presencia del CEO los tomó por sorpresa; en segundo lugar, porque la noticia de esa nueva estrategia había sido mencionada el día anterior y muchas de las reuniones hackeadas habían sido programadas mucho antes.

Ahora, ¿cuál fue la técnica del CEO? En lugar de amonestar a quienes no tuvieron una respuesta concretada sobre la interrogante planteada, pospuso las reuniones y esperó a que todos salieran de las respectivas salas. Esta fue una acción que desencadenó una respuesta emocional, inmediata y visible. Las personas, a partir de ese pequeño hack, se centraron mucho más en la nueva estrategia, preparando planes de acción y respuestas más concisas ante futuras preguntas. Un pequeño acto que devino en consecuencias inmediatas.

3 errores que debes evitar en tu hackeo cultural

Ahora que sabes que es perfectamente posible hackear una cultura organizacional con pequeños actos (emocionales, inmediatos, visibles y de poco esfuerzo), es el momento de que aprendas cuáles son esos errores que deberás evitar durante el proceso de hackeo cultural, si llegases a implementarlo dentro de tu compañía. Como líder, eres el primer interesado en que la cultura de tu compañía se haga fuerte y crezca en términos de innovación. Así que, si estás interesado en aplicar algunas de las pequeñas (pero transformadoras) acciones que te presenté anteriormente, también deberás tener en cuenta qué *no* debes hacer.

Elegir una acción complicada: el error más común entre los "hackers" que dan sus primeros pasos es escoger una acción excesivamente compleja, que requiera esfuerzo y tiempo para que se aprecien los resultados. Evita caer en este error. Recuerda que el hack debe ofrecerte resultados inmediatos porque apunta a la parte emocional de los colaboradores.

Elegir una acción que requiera aprobación externa de cualquier tipo: cualquier "hack" falla desde su concepción si, para aplicarlo, necesitas la aprobación de alguien más que no esté debidamente involucrado con las dinámicas dentro de tu compañía. Evita, en la medida de tus posibilidades, contratar asesores para este tipo de prácticas. Si bien es cierto que hay muchas empresas que se encargan de este tipo de trabajos, lo ideal es que seas tú quien tome todo el protagonismo de esta iniciativa porque... ¿quién puede saber mejor que tú lo que buscas con esto?

Utilizar el hackeo cultural para tus fines personales: adentrarte en la cultura de tu compañía, modificarla a través de acciones, no es una tarea que deba ir alineada con tu agenda personal. Este es un error de base que se comete con mucha frecuencia, especialmente entre directores inexpertos en esto del hack cultural.

Capítulo 4

Guía y conceptos para iniciar

Este el momento ideal para que pongas en práctica todo lo aprendido a lo largo de los capítulos anteriores. Tu compañía necesita ver transformada su cultura a través de acciones concretas e innovadoras que la diferencien del resto en un presente que se torna cada vez más impredecible y cambiante. Como la idea de este proyecto en ofrecerte herramientas necesarias para que tu empresa crezca a niveles insospechados, independientemente de las circunstancias que se presenten en su entorno, ¿qué mejor manera de hacerlo que a través de una guía rápida que podrás utilizar como libro de iniciación? Recuerda que todas las recomendaciones mostradas en este libro son parte de mi experiencia. A lo largo de mi trayectoria he tenido la oportunidad de experimentar distintos escenarios.

Mi trayectoria en el ámbito empresarial ha sido una oportunidad para entender cada uno de los conceptos que te mostraré a continuación.

Conceptos que, puestos en marcha, son instrumentos de gran utilidad cuando se habla de fortalecer la cultura de una compañía, orientándola hacia un enfoque de innovación y creatividad. La buena noticia es que, si estás leyendo este libro, es porque tienes bien definidos tus objetivos en relación con tu organización. Es increíble cuántas empresas, al margen de sus productos o servicios, fracasan por la razón más elemental de que no han conseguido delimitar sus objetivos de la mejor manera. El escritor Ricardo Perret habla de la importancia de fijar objetivos claros en su libro El gen exitoso:

> Los objetivos, cuando están bien definidos, son motores internos de propulsión que mantienen tu mirada en lo que consideras importante, que no te permiten distraerte de tus intenciones. Saber que esos objetivos una vez alcanzados, son los que te permitirán ir construyendo el camino para el logro de tus intenciones, provoca grandes emociones en tu vida, una gran confianza y una gran fe en lo que haces; todo mundo lo nota. Cuando no tienes la certeza que lo que haces desde que amanece hasta que anochece te lleve directamente al logro de tus intenciones o asiente un ladrillito más en la construcción de esa pared enorme llamada "intención o misión de vida", eso hará que no disfrutes ni el camino ni el esfuerzo, e incluso que lo hagas mal.

Te invito, pues, a que te adentres en las páginas de este capítulo, donde conocerás algunos conceptos de vital importancia en el proceso de construir una cultura innovadora, que refleje desde sus acciones la misión de la compañía. Es posible que ya conozcas algunos de estos conceptos, no obstante, siempre es de gran ayuda refrescar ideas para que en la práctica no haya ningún tipo de cabos sueltos. Una vez que domines a la perfección estos conceptos (y su efecto en la organización), tendrás la mayor parte del camino resuelta.

El listado de conceptos que te presentaré a continuación sirve para iniciar una transformación que fortalezca la cultura de tu compañía a través de la innovación. Existen muchos otros elementos que podrás incluir, sin embargo, para efectos de este libro estos serán suficientes para que des tus primeros pasos hacia una reprogramación total de la cultura que actualmente rige en tu compañía.

Conceptos imprescindibles para la transformación que buscas en tu compañía

El patrocinador de tu iniciativa

Eugenio Molini plantea la figura del patrocinador en su libro Innovación, personas y participación de la siguiente manera:

> El Patrocinador es un Propietario que decide poner sus recursos o los de su organización al servicio de un proceso renunciando a ejercer ningún tipo de control, ni siquiera a definir el marco dentro del cual ha de darse el proceso, quienes han de ser invitados, la tarea a tratar, etc. Aunque hay facilitadores que cuentan experiencias con este tipo de Propietarios, yo no me he encontrado nunca a ninguno. Lo que sí me pasa a menudo es que hay Propietarios que inicialmente se ven a sí mismos como Patrocinadores, pero que tras unas pocas preguntas se dan cuenta de que sí quieren controlar algo, aunque sólo sea definiendo la tarea del proceso participativo o colaborativo.

El patrocinador, dentro del entorno empresarial, es uno de los roles más importantes que existen. Por diversas razones, esta importancia es desconocida por muchas personas. Ahora bien, ¿cuál es el alcance que tendrá el patrocinador de tu iniciativa? En primer lugar, este deberá contar con acceso y soporte del equipo ejecutivo en su más alto nivel. Ningún patrocinador tomará el riesgo de adentrarse en tu proyecto o iniciativa si no se le brindan estas garantías. Adicionalmente, el patrocinador debe ser alguien con un alto nivel de:

- Liderazgo.
- Credibilidad.
- Toma de decisiones.
- Habilidades comunicativas para influir en las partes involucradas.

La relevancia de un patrocinador recae en las tareas que este cumple durante la práctica de su rol. Entre las más importantes destacan:

- Hacer uso de sus habilidades comunicativas para manejar las expectativas de todas las partes involucradas en el proyecto.
- Conseguir todos los recursos que el proyecto requiera para llevarse a cabo de forma práctica y funcional.
- Empoderarse del proyecto para defenderlo frente a cualquier imposición que surja en el camino, tanto en lo

interno como en lo relacionado con proveedores, clientes y aliados.

o Limpiar el camino de posibles obstáculos que amenacen o pongan en riesgo la ejecución de la iniciativa.

Como es de esperarse, el proceso de selección de un patrocinador es realmente complejo por el nivel de exigencia del cargo. Sin embargo, las empresas cada vez toman más consciencia sobre la relevancia de este cargo; esto les ha permitido formarse en todo lo relacionado a la selección ideal. Si como líder estás pensando en buscar un patrocinador que te ayude a llevar a cabo una estrategia de transformación de tu cultura organizacional, ten en cuenta que su presencia te será de gran ayuda para facilitar cada etapa del proceso.

Presenta la iniciativa y convence a muchas áreas

Presentar tu iniciativa es uno de los desafíos más enriquecedores dentro del ámbito profesional. Es un reto que implica dirigirte a otras personas (áreas, inversionistas, entre otros) para presentarles una idea de tu entera autoría. Ahora bien, ¿por qué es tan importante convencer a muchas áreas? En primer lugar, porque nadie trabaja cómodamente cuando se le imponen acciones con las que no estarían de acuerdo en condiciones normales. En segundo lugar, porque puede presentarse el momento de solicitar el apoyo de un área externo que te facilite cualquier solicitud que requieras. En este último caso, como hablamos de solicitar nuevas tareas a colaboradores externos, probablemente dichos requerimientos no se tengan en el radar de los planes de trabajo establecidos, tendrás que trabajar al máximo tus habilidades comunicativas.

Algunos consejos para una presentación sólida y muy práctica son:

- o Explica minuciosamente las características de tu proyecto y cómo se trata de que todos sumen.
- o Prepárate para responder a las dudas e inquietudes que se presenten durante la presentación.
- o Procura que tu presentación contenga pocas ideas pero que estas impacten significativamente en tu audiencia.
- o Muéstrate entusiasmado. Si no crees en tu iniciativa, quienes te escuchan notarán el escepticismo.
- o Trabaja sobre los elementos que hacen diferente y generan impacto al corto plazo.

o Sé conciso en tu planteamiento. Mostrarte dubitativo es un indicador de desconfianza e inseguridad. Esta es una recomendación que también aplica cuando intentas convencer a otras áreas de la necesidad y viabilidad de tu proyecto.

Metodologías de innovación

Si tenemos en cuenta que la idea de este libro es que aprendas a impulsar acciones innovadoras que, a su vez, transformen la cultura de tu organización, ¿qué mejor manera de aportar valor que a través de las distintas metodologías de innovación? Estas son algunas de las más conocidas y utilizadas por organizaciones alrededor del mundo:

Design thinking: esta es una metodología especialmente útil cuando necesitamos soluciones y el pensamiento tradicional no es suficiente. La premisa del Design thinking es que todas las ideas deben ser validadas antes de asumirse como correctas, esto teniendo como centro de la idea al usuario o cliente que requiere la solución. Es un proceso de iteraciones constantes y supone en todo momento la empatía con el cliente.

Lean Startup: esta es una metodología ideal para el desarrollo de esas unidades de negocios y de productos. El objetivo fundamental de este método es acortar los plazos, evitando así que los ciclos de desarrollo de los productos abarquen más tiempo del que hemos tipificado en nuestra planificación estratégica. Pero, ¿cómo se consigue esto? Básicamente con la combinación de 3 elementos:

- Experimentación.
- Lanzamiento de productos interactivos.
- Validación del aprendizaje.

La metodología Lean Startup parte de una premisa sencilla: adaptar el producto a las necesidades que se manifiestan en el mercado y a nuestra visión como creadores. Eric Ries, uno de los promulgadores más importantes de este método, nos aporta una importante definición del propósito natural del Lean startup:

> El método Lean Startup pide a la gente que empiece a medir su productividad de otra forma. Como las startups suelen producir accidentalmente algo que nadie quiere, no importa si lo hacen dentro de tiempo o ciñéndose al presupuesto. El objetivo de una startup es averiguar qué debe producirse, aquello que los consumidores quieren y por lo que pagarán, tan rápidamente como sea posible. En otras palabras, el método Lean Startup es una nueva forma de ver el desarrollo de productos innovadores que enfatiza la rápida iteración y la comprensión de

los consumidores, una enorme visión y una gran ambición, todo al mismo tiempo.

En líneas generales, lo que nos propone este método es que las compañías Startups se separen momentáneamente de su propia creatividad para centrar toda su atención en la satisfacción de los clientes. De esta manera se espera que los tiempos de respuesta y riesgos de mercado se vean significativamente reducidos.

El océano azul: este método es una propuesta radicalmente opuesta a lo acostumbrado. Parte de una premisa bastante sencilla, y es que se enfoca en encontrar nuevos nichos mercado en aquellos espacios que todavía no han sido lo suficientemente explorados. Las probabilidades comerciales que una empresa encuentra al aplicar este método son increíbles. Esto es lo que se espera al implementar un cambio de paradigma de estas características.

Metodologías Ágiles (SCRUM): cuando se habla de metodologías ágiles, SCRUM es uno de los métodos preferidos por su efectividad y por los resultados que su implementación aporta en el entorno organizacional. Ahora, ¿de qué se trata la metodología SCRUM? Las metodologías ágiles, por definición, son aquellas que nos facilitan los procesos de adaptación de la forma de trabajo a las condiciones propias del proyecto. El resultado inmediato de la incorporación de esta metodología ágil es la flexibilidad e inmediatez en las respuestas.

Son muchos los beneficios de la metodología SCRUM, de entre los que destacan:

- Ahorro significativo de tiempo y costos.
- Mayor velocidad.
- Mayor efectividad.
- Optimización del producto o servicio que se ofrece.

En la práctica, el SCRUM es un cronograma de actividades que se divide en pequeños bloques (también llamados Sprints). La idea de esta organización es ir revisando lo ejecutado durante la fase anterior. De esta manera se aplican medidas correctivas (si hiciera falta) en tiempo real. Esta metodología es ideal para quienes desempeñan su actividad diaria en un sector con alta volatilidad, donde los niveles de incertidumbres son superlativos. Lo más común es planificar semanalmente. Al final de cada Sprint se reevalúa y valida lo realizado durante la semana anterior. Esta agilidad permite generar respuestas innovadoras, sobre la marcha, en un entorno altamente cambiante.

Programa de Embajadores de Innovación: la figura de los embajadores de innovación es de suma importancia porque son personas cuyo rol es promover específicamente la innovación en la empresa, empezando con su área de trabajo. Estos embajadores suelen estar familiarizados con las estrategias de innovación mencionadas anteriormente, por lo que puede considerárseles como especialistas en el tema.

A nivel jerárquico, los embajadores se encuentran al nivel gerencial o coordinando equipos de trabajo. Su responsabilidad es fácilmente medible en términos de innovación. Y es que su sola presencia es un elemento disruptivo en la cultura de una organización. Su pericia les hace personas de gran confianza porque dominan todos los temas relacionados con la innovación al tiempo que ofrecen resultados inmediatos con sus distintas estrategias y tácticas de promoción. Son, en resumen, un perfil de gran relevancia en la actualidad, donde las empresas parecen encontrar serias dificultades para moverse en las aguas de la innovación.

¿Cómo generar embajadores de Innovación?

Existen varios caminos para desarrollar embajadores en tu organización, es posible contratar expertos, consultoras o escuelas que nos impartan un curso para desarrollar este perfil dentro de nuestros colaboradores, o es posible generar internamente un proyecto que aborde lo necesario para construir nuevas habilidades y conocimientos para distintos perfiles internos. A continuación te comparto un listado de prácticas que pueden ayudarte a desarrollar tu estrategia de embajadores de innovación:

1. Genera un plan completo del total de sesiones, contenido, horario, objetivo y todas las habilidades que se quieren desarrollar en los colaboradores a partir del curso. Te recomiendo que estructures el programa en 3 bloques: Entendimiento, continúes con metodologías y culmines con la generación de prototipos y aplicación de lo aprendido. Lo que no se pone en práctica se olvida.

2. Invita a un experto externo a que de una plática de introducción y que ayude a reforzar a la innovación como eje de transformación.

3. Los primeros embajadores deben contar con personas a su cargo. Queremos permear inicialmente de arriba hacia abajo.

4. Diseña un calendario y programa de actividades y entrega todo la información a los participantes.

5. El total del programa puede contar con 30 horas presenciales, con ello te aseguro podrás lograr impacto y conocimiento en tus embajadores.
6. Tu programa no debe durar más de 3 meses, las 30 horas mencionadas las puedes dividir a lo largo de este tiempo. Al tener embajadores con equipo a su cargo normalmente tienen tiempo limitado.
7. Solicita evidencia de una sesión o actividad dentro de su área de trabajo, con ello podrán graduarse del programa.
8. Mantén contacto e invítalos constantemente a que te compartan cómo han continuado sus actividades como embajadores de innovación.

Eventos, conferencias y día de la innovación: Estas 3 iniciativas son métodos infalibles para generar cambios en nuestra organización. Cuando nos adentramos en un auditorio, tenemos altas expectativas sobre lo que allí encontraremos. Sin embargo, estos espacios pueden ser utilizados más allá de lo tradicional para generar ideas y acciones que a su vez promuevan la innovación. Protagonizar un evento a nivel empresarial requiere un gran nivel en dominio de audiencia y habilidades comunicacionales. Siendo, estos dos, elementos fundamentales para transmitir un mensaje de forma clara. Utiliza estos espacios para promover la innovación, para generar ideas que rompan con lo establecido.

Por ejemplo, puedes invitar a un departamento al azar a que utilicen la sala de conferencia para debatir sobre las ideas más "extrañas" que han tenido en relación a una problemática vigente o sobre una investigación que acaban de realizar, seguramente será de impacto para muchas áreas. Deja claro que la idea no es sacar la solución perfecta de allí, sino practicar una forma de pensamiento divergente. Estimular el pensamiento no lineal es imprescindible en la innovación. Una opción válida es invitar a un orador que represente una autoridad en cuanto a creatividad e innovación. Este tipo de ejercicios inyecta motivación en tus colaboradores, invitándoles a ser más participativos y a salir por un momento de su estructura lógica de pensamientos, todo esto lo puedes hacer en distintas fechas o bajo un día donde todo suceda dentro de tu organización un "Día de la Innovación". Invita a los embajadores a que impartan un taller, a tus compañeros y equipo a que impartan alguna sesión que consideren genere valor a la organización, la intención es que el contenido y lo que suceda ese día este gestionado por los mismos colaboradores y se invite abiertamente a toda la empresa a participar.

Como punto importante, recuerda enviar una encuesta de satisfacción al final del día a todos los participantes, así sabrás que mejorar y también con que frecuencia realizar este tipo de actividades.

Métricas claras: si bien es cierto que la innovación es un enfoque que busca desligarse de pensamientos lógicos para obtener respuestas disruptivas a determinadas problemáticas, este es un concepto que puede ser medido de diversos modos. Lo importante, en este punto, es trabajar siempre desde la transparencia. Tus colaboradores te estarán muy agradecidos si eres honesto, claro y transparente con ellos, sobre todo cuando hablamos de las métricas que se utilizarán para medir el nivel de avance en términos de innovación y creatividad. De esta manera ellos estarán al tanto de cuáles serán las variables que deberán gestionar con mayor énfasis y empeño.

Mi recomendación es que dediques un espacio de tiempo para explicar, departamento por departamento, cuáles son los propósitos de tu iniciativa (el que es, claramente, fomentar a través de acciones una cultura de innovación), sin dejar cabos sueltos; lo que quiere decir que también deberás ser totalmente transparente acerca de cómo se evaluará la gestión de los participantes durante el tiempo que dure el proyecto. Piensa en ti mismo como colaborador, ¿qué mejor manera de tomar acciones focalizadas que con la motivación de saber cuáles serán los elementos medidos al término del curso?

Expertos y asesores: aunque tú eres el principal responsable de los cambios estructurales que se implementen en la cultura de tu compañía, esta es una labor titánica. Por esta razón, te recomiendo que no lleves toda la carga sobre tus hombros. Permítete la asesoría de expertos que hayan comprobado una trayectoria importante en proyectos similares. Después de todo, es fundamental que no pierdas de vista que lo que está en juego es el futuro de tu compañía. Entendiendo esto, ¿por qué escatimar en alternativas que garanticen una transición perfecta?

Cuando nos enfrentamos a algo totalmente nuevo, el margen de error es amplio. Lo que determina las probabilidades de éxito muchas veces se encuentra en las alianzas y estrategias que utilizamos para llegar al éxito. Recuerda que los expertos y asesores vienen de escenarios complejos, que requirieron atención y prácticas totalmente innovadoras para lograr un cambio rápido y óptimo. De manera que, mi recomendación en este aspecto es que te atrevas a contar con expertos que traigan consigo experiencias y trayectorias importantes. De esta manera garantizas resultados positivos y un impacto superlativo en la estructura de tu compañía.

Sesiones de pitch de nuevas ideas: estoy seguro de que estás familiarizado con el programa Sharktank (en el cual participe hace unos años). Este programa ha supuesto un verdadero punto de inflexión no solo en lo televisivo. En el caso de que no lo conozcas, se trata de un programa en el que un grupo de emprendedores presentan sus ideas de negocio ante un jurado conformado por inversionistas que, de ser lo suficientemente atraídos por las ideas presentadas, participarán en la masificación del producto con cuantiosas inversiones a cambio de un porcentaje de la utilidad generada. El formato del programa permite a los televidentes entender, a grandes rasgos, cómo funciona un proceso de negociación entre ponente e inversionista.

Emular este tipo de programas puede ser una alternativa totalmente atractiva para tus colaboradores. Además de que sería una idea nueva en la realidad de tu compañía, supone un verdadero reto para quienes estén interesados en ser reconocidos por su capacidad de innovación. Te recomiendo, pues, que te permitas salirte de la norma. Una propuesta como la del programa Sharktank te será de gran utilidad en varios sentidos:

1. Inyectas una gran dosis de motivación en tus colaboradores.
2. Promueves la idea de que lo innovador genera ganancias y reconocimiento.
3. Construyes una cultura donde el intercambio de ideas es permitido y recompensado en su justa medida.

Plataformas de gestión de ideas: las nuevas tecnologías nos han provisto de una serie de herramientas que han facilitado la vida de los empresarios en muchos sentidos. Un líder comprometido con la idea del éxito conoce la utilidad de las plataformas de gestión de ideas; de hecho, entienden a la perfección que el contar con una opción para gestionar ideas es parte de la victoria en el camino hacia una innovación establecida como cultura. En la actualidad, existen muchas opciones tecnológicas para escoger. Lo realmente importante es seleccionar de acuerdo a nuestras necesidades específicas. Algunas de las plataformas de gestión de ideas más reconocidas son:

- o iMindQ.
- o IDhall SC.
- o Hotboard.
- o BrightIdea.
- o Innovation Central.
- o SoapBox.

La función de estas plataformas es, en esencia, la misma: captar un gran volumen de ideas. Además, su uso implica una serie de ventajas profesionales en función de que facilitan la rapidez en los procesos de selección y manejo de data. Lo importante de estas plataformas es que deben incluir atributos como:

- o Una gestión integral de las ideas.
- o Debe ser capaz de implementarse y adaptarse a la realidad objetiva de la compañía.
- o Debe facilitar la medición y el seguimiento de las ideas seleccionadas.
- o Debe permitir una fluida y fácil adaptación a los proveedores y compradores.

- Debe ser funcional para los equipos de administración que la utilizarán.
- Debe tener opciones de gamificación como usuarios destacados, puntos, premios, ranking de ideas, calificación o notificaciones automatizadas.
- Solicita evidencia de lo que se propone, no importa el nivel de dicho prototipo, la intención es contar con visibilidad de como función la propuesta, sino te encontraras con un gran buzón de sugerencias, ahora digital.

La idea de estas plataformas es empoderar a los colaboradores para que, mediante su uso, aporten todas las ideas que consideren pertinentes, funcionales y creativas para la solución de determinados problemas. No se trata de dar grandes premios por las nuevas ideas o por esa gran idea sino un espacio de reconocimiento que permita ser tomado en cuenta.

Plan de acción: nada de esto tendría sentido si no somos capaces de construir un plan de acción acorde con el propósito que, como individuo, perseguimos. En anteriores oportunidades te he dicho que no hay forma de que una meta se cumpla que no sea a través de la acción. Sin embargo, estas deben ser acciones precisas, focalizadas, que apunten a un destino concreto. De lo contrario, estaríamos nadando sin la certeza de cuál es el puerto al que queremos dirigirnos. Las acciones que tomas determinan el éxito de tu empresa, de allí la importancia de fijar un plan de acción aplicable y asociado a la innovación.

Toda estrategia de innovación parte de unas bases que facilitan su operatividad:

- o El ambiente: aquí es posible incluir la cultura, es decir todas las acciones innovadoras que la robustecen.
- o La participación directiva: no es viable un plan de acción que no cuente con la participación activa de quienes dirigen el barco.
- o La estructura: crear todas las condiciones para que la operatividad apunte a técnicas y acciones innovadoras. Es imprescindible crear las vías necesarias para el desarrollo de proyectos de innovación y la aplicación de las innovaciones.
- o Recursos humanos y materiales: no te confíes, desarrollar un plan de acción innovador requiere un mínimo de condiciones físicas y humanas para llevarse a cabo. Esto quiere decir que tienes que contemplar algunos cambios (en caso de ser

necesario) para que tu plan de acción sea eficaz en todos los sentidos posibles. (¿Recuerdas el patrocinador e ir a presentar tu idea?)

Una vez definidas las herramientas que serán utilizadas durante el plan de acción, procederás a seleccionar el método de innovación que más se adapte a la realidad de tu compañía. Has de tener en cuenta que todas las empresas son diferentes entre sí, por lo que necesitarás estudiar meticulosamente las condiciones objetivas de tu organización para tomar la mejor decisión. Lo cierto es que un plan de acción se conforma por expectativas, acciones concretas (que deben estar orientadas hacia la consecución de las expectativas previamente fijadas), planes alternativos y bloques donde se realizarán las mediciones pertinentes para determinar si hace falta aplicar correctivos, intensificar las acciones o seguir de acuerdo a lo planificado.

Capítulo 5

Asumamos el reto

El éxito es para los valientes. Para quienes tienen la determinación, la fuerza de voluntad y la confianza para tomar acciones concretas, innovadoras, que fomenten el cambio cultural que hace falta para alcanzar los objetivos trazados. Finalmente hemos llegado al último capítulo de este libro. Las páginas que leerás a continuación te servirán de impulso final para que cambies las condiciones de tu organización en términos de cultura e innovación. Llegado a este punto, sabes de sobra que no es posible sobrevivir en la esfera empresarial si no desarrollas un enfoque general (aplicado a tus colaboradores, que lo replicarán en sus actividades diarias) donde la innovación sea el núcleo del quehacer diario.

Ahora que conoces la verdadera importancia de la innovación, ¿qué podría detenerte en tu propósito de convertir tu empresa en una referencia? Recuerda que no hace falta ser un virtuoso para innovar, solo necesitas el empujón preciso y acciones focalizadas. Es aquí, sobre este punto, que la mayoría de organizaciones cometen los errores más comunes. Muchos han entendido que la innovación es un discurso que por sí solo basta para establecerse entre nosotros. Estos líderes empresariales piensan que programar charlas sobre este tema basta para que las estructuras y los patrones de los colaboradores cambien radicalmente. Nada más alejado de la realidad, como hemos podido comprobar juntos a lo largo de este libro.

En el capítulo que estás por leer te daré algunas recomendaciones y reflexiones adicionales para que asumas el reto, el s compromiso del éxito, y lo hagas desde un enfoque innovador, novedoso, entendiendo que solo a través de la innovación pueden las compañías sobrevivir a una dinámica externa que no para de variar, que fluctúa con cada segundo que transcurre. Dicho de otra manera: quien no es capaz de innovar, está condenado al fracaso. Si de algo estoy seguro es de que no quieres convertirte en un número más.

Ningún líder o CEO quiere que su gestión se asocie a casos icónicos como el de Blockbuster, empresa que fue importante durante algún tiempo y que terminó desapareciendo frente al aluvión de las nuevas tecnologías. ¿Qué habría pasado con esta empresa si, en lugar de encerrarse en sus modelos tradicionalistas de negocio, hubiese tomado decisiones audaces, teniendo en cuenta las nuevas circunstancias tecnológicas? Es posible que también haya desaparecido... o no. La única forma de saber si el atrevimiento y la determinación son suficientes en el marco del desarrollo innovador de una empresa es a través de la práctica.

Lo que nos diferencia de otras especies animales es la capacidad de utilizar el raciocinio para adelantarnos a posibles eventualidades. La planificación, en este sentido, adquiere especial importancia en el ámbito organizacional. Te invito, pues, a sacar todo el provecho que puedas a este conjunto de particularidades de las que gozas. Estás en la posición de generar cambios sustanciales en tu organización. Como escribiría el orador Jim Rohn en su libro *Siete estrategias para alcanzar riqueza y prosperidad*:

> Los seres humanos pueden realizar acciones extraordinarias porque ellos mismos son extraordinarios. No somos ni amebas, ni peces, ni pájaros, ni perros. Nosotros podemos transformar la nada en algo, unos peniques en una fortuna, el desastre en triunfo. Un perro, por el contrario, empieza royendo huesos. ¿El motivo? Simplemente, que es un perro. No tiene capacidad de crear. De manera que acepte el hecho de ser extraordinario. Complázcase y aproveche

esta particularidad tan maravillosa. Bucee en su interior y saque al exterior todas sus extraordinarias facultades humanas. Las tiene allí, sólo esperan a ser descubiertas y utilizadas.

Otra razón de peso por la que muchos empresarios pierden la batalla contra el entorno empresarial es porque no se toman en serio la formación. Esta es una ventaja que tienes en comparación con otros líderes que, aunque han tenido una carrera corporativa medianamente exitosa, carecen del hábito y de la voluntad para tomarse en serio su propio aprendizaje. El hecho de que te hayas interesado en este libro es una demostración más que clara de que estás interesado en entender y aplicar acciones innovadoras que robustezcan tu cultura organizacional.

Los subcapítulos que encontrarás en este último apartado (Trucos para lograr que la cultura en tu compañía sea más innovadora; Acciones innovadoras = cultura innovadora; El rol de una mentalidad estratégica y Desarrollar la identidad de éxito) son columnas que te facilitarán el aprendizaje y el entendimiento de un tema que ha calado profundamente en los últimos años, siendo considerado de vitalidad total en el entorno empresarial. Cada vez que tengas dudas acerca de la relevancia de la cultura en la organización, recuerda que los gigantes corporativos que hoy dominan las cumbres del éxito empresarial (Google, Amazon, Apple, Tesla, entre otros) han dedicado cuantiosos recursos al establecimiento de una cultura idónea que facilite las condiciones para dar respuestas innovadoras a las necesidades que surgen en el mercado.

Te invito, pues, a cerrar con broche de oro este proceso formativo en el que te has sumergido desde la primera página. Todas las herramientas, recomendaciones y observaciones contenidas en este libro son el resultado de años de experiencia en la implementación de acciones innovadoras con el fin de promulgar una cultura que se base en la novedad, en lo rompedor, para de esta manera conseguir una distancia frente a la competencia. Aunque se hable poco al respecto, este es el sueño de todos los empresarios: marcar sólidas diferencias frente al resto, mostrando / comercializando soluciones totalmente nuevas, disruptivas, que le faciliten una posición privilegiada en un mundo cada vez más cambiante. Esa es la idea de este capítulo y, en definitiva, del proyecto que estás por terminar.

David Cameron Gikandi en *Un feliz bolsillo lleno de dinero* nos dice lo siguiente:

> Los visionarios y soñadores son los salvadores y la fuerza motriz detrás del mundo, cualquiera que sueña grande y crea. El mundo y el universo en su totalidad apoyan completamente estos sueños con la única condición de que el soñador lo crea y actúe en consecuencia (...) Simplemente ten una visión y sin falla la alcanzarás en la medida en que creas que así será. Todo lo demás está a tu favor. ¡Sueña en grande entonces! ¡De verdad, sueña muy, muy en grande!

Sueña muy grande, es la recomendación general, pero no dejes que tus sueños se mantengan en lo abstracto. Sácalos de tu mente y toma acciones concretas para llegar a tu norte.

Trucos para lograr que la cultura en tu compañía sea más innovadora

Muchas veces la intención no es suficiente para conseguir un resultado específico. Esta es una realidad especial presente en las empresas, donde las distintas dinámicas del día a día pueden tener un efecto indeseado en los distintos departamentos. Por ejemplo, para nadie es un secreto que la actividad empresarial requiere, en muchos casos, que centremos toda nuestra atención a la resolución de conflictos diarios.

Independientemente del departamento (aplica a áreas como IT, Recursos Humanos, Operaciones, Administración y finanzas, Logística, entre otros), este es un "estado mental" en el que más temprano que tarde caerán tus colaboradores, empujados por el quehacer diario.

Ahora bien, si un departamento se encuentra en esta situación, no tendrá tiempo ni la mentalidad idónea para gestionar ideas innovadoras que rompan con lo establecido por el mercado. Principalmente, porque estos colaboradores se encuentran atendiendo necesidades del momento. Imagina por un momento que tienes un envase de agua y que este tiene múltiples agujeros. ¿Qué harías para evitar que se derrame toda el agua? Tratarás de tapar todos los agujeros, uno a uno. Esta es la solución más práctica porque ha sido pensada *desde la urgencia*. Estarás tan ocupado tapando cada agujero que no tendrás tiempo para pensar en una solución innovadora que resuelva la totalidad del problema. Así funcionan los departamentos que están habituados a resolver problemáticas diarias por puñados.

Las dificultades surgen cuando nos concentramos en el problema, olvidando por completo nuestra capacidad de enfrentarlo de forma creativa y novedosa.

Sin importar lo difícil o novedoso del problema, el acercamiento a la mejor solución posible solo puede provenir de una combinación de análisis racional, que se base en la verdadera naturaleza de las cosas, y una reintegración imaginativa de las diferentes porciones en el nuevo modelo, mediante el empleo del poder cerebral no lineal. Esta es siempre la manera más eficaz de concebir estrategias que afronten exitosamente los retos y oportunidades, tanto en las lides del mercado como en el campo de batalla.

La frase ofrecida anteriormente proviene del libro Mentalidad estratégica, de Kenichi Ohmae. El poder cerebral no lineal, como lo describe el autor, es lo que caracteriza a una persona que ha construido una forma de pensar no tradicionalista, hurgando siempre en lo profundo con el fin de encontrar soluciones que rompan con lo establecido, que se salgan del margen tradicional. Es preciso determinad que cuando un colaborador está habituado a un pensamiento lineal, demasiado racional, necesita ayuda externa salir de este rígido. Esto es lo que promueve una cultura adecuada. Tu propósito como líder es proveer las condiciones ideales para que todos los miembros de tu compañía sean capaces de trabajar desde la innovación. Para ello, harás uso de lo aprendido en este libro en aras de una cultura perfecta para innovar.

Lo que te mostraré a continuación son algunos trucos infalibles para que tu cultura organizacional sea mucho más innovadora. Recuerda que la cultura es el caldo de cultivo para las actitudes de tus colaboradores. Si en tu empresa se fomenta la creatividad, la generación de ideas novedosas, brindarás la confianza requerida por tus colaboradores para tomar acciones que salgan del marco tradicional. En este sentido, estos son algunos trucos que te ayudarán a crear una cultura basada en la innovación:

Caso 1

Problema: ¿Qué puedes hacer si has identificado que tu equipo, aunque tiene el potencial para desarrollar soluciones creativas y novedosas, no encuentra el tiempo suficiente para innovar? Como podrás intuir, este es un problema bastante común, principalmente en empresas donde no existe una cultura previa que facilite condiciones para innovar.

Truco: apenas hayas identificado el problema, actúa. Promueve la innovación durante el almuerzo. Eso sí, no lo hagas a secas. Utiliza ideas creativas; por ejemplo, puedes seleccionar a un grupo de colaboradores para que almuercen una vez a la semana probando una idea nueva con alguna persona externa, o fuera del departamento. No necesariamente tiene que ser una idea increíble. Basta con un pequeño ejercicio de innovación que rompa los programas mentales a los que estos colaboradores están habituados.

Caso 2

Problema: pasa con más frecuencia de la que creemos que la junta directiva desconoce o no consigue establecer quiénes son las personas más innovadoras dentro de la empresa. Esto sucede con más asiduidad en empresas grandes, con un volumen de personal amplio y difícil de monitorear detalladamente. ¿Qué puede hacer la empresa, entonces, para que los más innovadores salgan de sus madrigueras?

Truco: un truco muy útil es el correo electrónico. Envía un correo electrónico a toda la compañía, invitando a todos los colaboradores a que nominen a quienes ellos consideran que es el colaborador más innovador. A partir de ahora, anota el nombre que más veces se repita y cítalos a una reunión. No lo creerás, pero es más probable que los pares sepan con certeza quiénes son los colaboradores que innovan con mucha efectividad. Con este truco no solo obtienes lo que quieres (nombres concretos de los más innovadores) sino que fomentas valores como la confianza y la retroalimentación entre colegas.

Caso 3

Problema: uno de los problemas más serios que un líder puede afrontar es el escepticismo por parte de quienes conforman sus equipos de trabajo. Esta falta de fe, por decirlo de algún modo, puede repercutir significativamente en la obtención de mejores resultados. ¿Qué truco puedes aplicar en tu compañía para romper con este mal?

Truco: son muchas las razones por las que se genera escepticismo entre un grupo de colaboradores. Experiencias pasadas especialmente difíciles, condicionamientos personales, entre otros tantos motivos. Sin embargo, existe un pequeño truco que te será de gran ayuda para romper con este patrón de pensamiento. Utiliza una palabra nueva. Deshazte de la palabra "innovación" y sustitúyela por una expresión distinta como "problemas por resolver" o "adversidades que debemos vencer". Incluso si este problema es nuevo y requiere una solución innovadora, abstente de utilizar la palabra innovación. Utilizar palabras distintas desencadena un efecto inmediato en las personas. Este es un truco que funciona mucho mejor en colaboradores que, aunque escépticos, tienden a resolver inconvenientes. La sola mención de la palabra "problema" será una inyección de motivación.

Caso 4

Problema: ¿qué puedes hacer, como líder, cuando el miedo es el factor determinante en tu equipo de trabajo? Nadie quiere sentir que ha fracasado en un proyecto empresarial, esto es lógico. Aunque el miedo al fracaso es normal en el ser humano es comprensible, puede ser un obstáculo potente que estanca los procesos de innovación.

Truco: como líder tienes la responsabilidad y el compromiso de generar un entorno de confianza, donde los fallos sean vistos como oportunidades de mejora en lugar de estigmas que implican un peso improductivo sobre el hombro de tus colaboradores. Para deshacerte de estos estigmas, el truco está en mantener siempre exhibidos los prototipos fallidos. Puedes optar por acondicionar ciertos espacios físicos dentro de la compañía para exponer estos prototipos, indicando en todo momento que haber fallado fue fundamental para conseguir soluciones mejores y más innovadoras. De esta manera no solo fomentas el trabajo creativo en tus colaboradores, también envías un mensaje subliminal que invita a trabajar pese al miedo al fracaso.

Caso 5

Problema: es usual que, con el tiempo, las personas que conforman una compañía se vuelvan excesivamente pragmáticas, incluso al momento de mencionar una idea. Las empresas innovadoras se caracterizan por fomentar la innovación en todos sus sentidos posibles. Mostrar una idea es parte del proceso creativo de una solución novedosa. ¿Qué puedes hacer al respecto?

Truco: fija una regla bastante sencilla para que quienes presenten una idea lo hagan siempre desde un punto de vista creativo, utilizando distintos enfoques y medios para lograrlo. Esto ayudará a tus colaboradores a no caer en el aburrimiento inherente a una personalidad pragmática. De esta manera obligas al colaborador que tiene una idea a transmitirla de manera mucho más creativa, lo que resulta siempre en soluciones más novedosas.

Acciones innovadoras = Cultura de innovación

En el caso de que aún tengas dudas al respecto, existe una diferencia sustancial entre hablar de cultura organizacional y llevarla a la práctica. A menudo la teoría, lo discursivo, es lo que se promueve más en empresas que no tienen del todo claro que las acciones son fundamentales en todo proceso de cambio estructural. De allí la importancia de entender las diferencias entre fijar acciones innovadoras y hablar de ellas. En este libro se prioriza la acción, precisamente porque esta construye de forma solapada la cultura que queremos implementar en nuestras compañías.

En la actualidad, muchos expertos sobre este tema recomiendan un pequeño ajuste semántico, en el manejo del lenguaje, para evitar confusiones conceptuales. Por un lado, es bien conocida la importancia de tener una cultura empresarial adecuada que fomente valores propios de la innovación; sin embargo, ¿cuál es la mejor forma de establecer cambios si no es a través de las acciones concretas? Lo que hacemos determina nuestras intenciones y tiene una incidencia mucho más significativa en quienes las perciben directa o indirectamente. En síntesis, es momento de dejar de hablar de cultura de innovación. Mejor tomemos acciones específicas que construyan por sí solas la cultura que deseamos para nuestra compañía.

Innovar ha dejado de ser una "buena estrategia" para convertirse en el único modo de sobrevivir en un mundo tan fluctuante como el empresarial. Mario Borginho describe esto a la perfección en su libro *El arte de innovar para no morir*:

> El tiempo corre en su contra si usted como empresario toma la opción de mejorar lo que ha hecho hasta ahora, ya que mejorar lo que usted hace solo le permitirá sostenerse, en el mejor de los casos. Si desea verdaderamente crecer tendrá que cambiar, hacer algo diferente. Estamos ante una forma de mercado frente a la cual no es suficiente mejorar y hacer más eficiente aquello que a usted le dio éxito. Más de lo mismo es un acto que no lo hará crecer, sino probablemente le permitirá sostenerse para dejar a sus nietos un negocio que apenas sobrevive.

Existen muchas formas o prácticas innovadoras que ayudan en lo relacionado a la construcción de una cultura basada en lo novedoso. Muchas de estas prácticas son incluso tan sencillas como increíbles. Por otro lado, también puedes tomar acciones *desde* los liderazgos que imperan en tu compañía, modificando de esta manera los patrones de la cultura vieja. A continuación, te presento 5 prácticas sencillas que, llevadas a la práctica, le darán forma a una cultura innovadora.

Recluta a colaboradores con potencial innovador: si bien es cierto que la captación y selección del personal es responsabilidad del departamento de Recursos Humanos, tienes la influencia de fijar estándares claros para que ellos apliquen en sus procesos de selección. Esto es importantísimo porque el solo hecho de que la innovación sea el propósito de quienes llevan a cabo estos procesos de reclutamiento es en sí mismo un acto de innovación. ¿Por qué? Porque cambiar la métrica de elegibilidad de candidatos, priorizando el potencial innovador, arrojará resultados poco tradicionales como que termine siendo seleccionado un candidato con menos títulos y menos experiencia, pero que ha demostrado una visión que trabaja al margen de las estructuras tradicionalistas.

Utiliza nuevas formas de comunicarte: los canales regulares en un entorno empresarial son el correo electrónico, ¿verdad? Sin embargo, existen muchas otras alternativas más o menos conocidas para transmitir un mensaje a tu cuerpo de colaboradores. Si eres un líder que está siempre presente entre los departamentos, te invito a que te permitas construir un canal de comunicación directo entre tus colaboradores. También puedes escoger al trabajador más innovador y, juntos, desarrollar un método que sea creativo para manejar las comunicaciones internas de la compañía. Estudia y analiza con detenimiento cada propuesta, y recuerda siempre que estas deben ser innovadoras y funcionales.

Si hoy, en lugar de mandar un correo en masa a todo el departamento de Operaciones, haces llegar el mensaje en una carta redactada y escrita con tu puño y letra, generarás un impacto sustancial al tiempo que permites una cultura de innovación.

Crea espacios en tu empresa para el intercambio de ideas: el acondicionamiento de espacios para el intercambio de ideas en tu compañía es otra acción muy concreta para propiciar una cultura de innovación que se difundirá masivamente entre todos tus colaboradores. Muchas veces los trabajadores se abstienen de intercambiar ideas por miedo a ser ridiculizados o, en el peor de los casos, a ser expuestos de mala manera frente a los supervisores. Sea cual fuere el caso, tener un espacio que la propia directiva ha preparado con este fin es un mensaje bastante directo que influirá claramente en la forma en que los colaboradores entienden el papel del intercambio dentro de la compañía.

Premia la creatividad: no tienen que ser grandes premios, pero sí reconocimientos palpables. Hay muchos métodos para premiar la creatividad. Puedes hacerlo a través de un correo electrónico donde invitas a los colaboradores a nombrar al compañero que creen más creativo en términos de innovación. Debe existir un incentivo por el que valga la pena el esfuerzo. ¿Qué tal si premias a quien entregue la idea más creativa (dejando claro que *no es importante* si esta idea es aplicable en lo inmediato, pues el propósito es que se sientan cómodos *creando*) en el lapso de una semana? Estas son elucubraciones sencillas, pero que en la práctica tienen un efecto inmediato.

Lidera desde y con el ejemplo: no seas ese líder que dirige a la empresa desde un sillón inalcanzable en El Olimpo. Tienes la responsabilidad de arremangarte la camisa, si es necesario, para que tu empresa crezca todo cuanto tienes planeado. En este sentido, la innovación no es tarea solo de los colaboradores. Sé un ejemplo a seguir y, te lo aseguro, tendrás un equipo muy motivado y preparado para darte sus mejores ideas al margen de las adversidades que se hallen en el exterior. Una acción que puedes aplicar es mostrar en público una idea muy creativa, disruptiva, pero que resulte imposible de llevar a buen puerto. Garantiza que los líderes dejen claro frente a todos que tu idea es buena pero poco funcional. Permítete fallar para que la cultura de tu empresa permita fallar. Es así de sencillo.

El rol de la mentalidad estratégica

A diario nos enfrentamos con situaciones en extremo difíciles. Pero, dejando de lado la aparente complejidad de estos problemas, la solución siempre se encuentra en nuestro interior, en nosotros mismos. Lo que determina nuestras probabilidades de éxito es nuestra capacidad de establecer puntos críticos sobre los que actuar con mayor énfasis. Cuando no estipulamos estos puntos críticos, las posibles soluciones se vuelven difusas, deformándose frente a nosotros. De allí la importancia de desarrollar siempre una mentalidad estratégica que nos ayude a mirar el panorama general, sin importar las pequeñas eventualidades que surjan en torno a la gran problemática. Algunas de las técnicas más increíbles para encontrar posibles soluciones son:

- Sesiones de lluvia de ideas.

- Desentrañamiento del problema mayor en pequeños objetivos.

- Encuestas de opinión (busca la empatía).

La efectividad de estas técnicas pierde fuerza frente a una persona que no puede apreciar el panorama general de las cosas. Siguiendo este orden de ideas, atraer dinero y abundancia es el fin último y, para llegar a él, necesitas desarrollar una mentalidad de estratega con el fin de que cada escenario sea de fácil manejo. Recuerda siempre que, para cercar al Rey, es imprescindible que estés varios pasos por delante de tu contrincante. Adelantarse a los acontecimientos es el resultado inequívoco de quien piensa con un enfoque estratégico.

La mentalidad estratégica es necesaria en todos los niveles de una compañía. Sin embargo, un líder tiene un mayor compromiso porque de sus decisiones dependerá el destino de la organización. En lo sucesivo, cuando un líder no entiende ni valora la importancia de una cultura basada en la innovación, difícilmente se plantee acciones o escenarios que fomenten este atributo entre sus colaboradores. Es aquí donde muchas grandes empresas han perdido el rumbo en su camino hacia la cima. Ahora bien, ¿cuáles son las características innatas de una persona con mentalidad estratégica? En primer lugar, debe ser capaz de mantener el enfoque en todo momento, al margen de lo que sucede en su entorno. Adicionalmente debe ser perfectamente capaz de transmitir sus ideas directa o indirectamente a sus colaboradores. De otra manera, no podrá construir una cultura empresarial acorde a lo que busca. En última instancia, aunque no menos importante, debe ser un planificador en todo el sentido de la palabra.

Estoy seguro de que tienes una idea muy amplia de lo que esto significa. La planificación es, probablemente, la conducta de productividad que más se ha estudiado a lo largo de estos últimos años. La razón principal parte de que los especialistas del crecimiento personal e integral de las personas han identificado que la planificación es un denominador común, siempre presente entre todas las personas que en la actualidad pueden afirmar que han alcanzado la cima del mundo. La premisa de la planificación es el respeto del tiempo, tanto el propio como el ajeno. Es cierto lo que dicen acerca de que hay tiempo para todo, pero, ¿cuál es tu prioridad? Cuando jugamos con nuestro tiempo, sin darle la importancia que este tiene, jugamos con nuestro destino. Por ejemplo, alguien que cae constantemente en la dinámica de los elementos distractores, prestándose para la gratificación inmediata, no solo pierde posibilidades de ampliar su registro de éxito, sino que, en definitiva, está entregando su Rey al asedio del ejército enemigo.

Volviendo al tema original, la mentalidad estratégica está presente en la mayoría de directores y empresarios. Pero, si no es aplicada y perfeccionada cada día, esta puede perderse en una bruma de factores externos que no necesariamente ayudan a una compañía a crecer. En el caso que aquí nos reúne, deberás tener muy claros tus objetivos para que cada acción vaya orientada a la resolución de estos conflictos. No olvides que las empresas enfrentan una cantidad de cambios incuantificable, por lo que la innovación se ha tornado vital para la supervivencia de una organización. Tengo la certeza de que esto lo sabes de sobra, de lo contrario no habríamos coincidido en este proyecto.

Sobre la variabilidad de los mercados, Javier González, autor y empresario, nos dice lo siguiente:

En el mundo empresarial, adaptarse al cambio significa entender lo que pasa alrededor de la empresa para asumir que las cosas han variado, interpretar los factores que han dejado de ser relevantes y comprender los que condicionan ahora la competitividad. Las empresas que –constantemente– consiguen hacer de esta adaptación una de sus señas de identidad tiene el éxito asegurado. Consiguen destacar entre la multitud de competidores y captar la atención de los clientes y del mercado, lo cual les asegura la supervivencia. El éxito no radica tanto en el rigor de la planificación estratégica como en la capacidad de respuesta ante los cambios y en la flexibilidad para variar el rumbo inicialmente elegido. Adaptarse al cambio supone, por tanto, innovar para realizar algo distinto: poner en práctica nuevas estrategias, formas de trabajar y nuevos productos y servicios para llegar al cliente.

El esfuerzo que has concentrado en acompañarme durante todas las páginas de este libro te será recompensado cuando tomes las decisiones de cambiar tu cultura organizacional con acciones concretas. Como sabes, el discurso tiene un impacto sólido en las personas, pero no es sostenible. Lo que tus colaboradores y tu empresa necesitan es que los guíes con el ejemplo. Que tus prácticas sirvan para establecer una nueva cultura donde se premie la creatividad, donde haya apertura al otro, donde intercambiar ideas sea una labor de cada día. De allí la importancia de que te hagas consciente de tu rol dentro de esta coyuntura llamada variabilidad. Ahora, no te concentres en la versatilidad del mundo empresarial como algo negativo. Todo lo contrario, es tu oportunidad de diferenciarte del resto con productos y servicios novedosos, con una cultura que apueste por la creatividad, por el rompimiento de lo tradicional.

Conclusión

Ahora que hemos llegado al final del libro, tengo grandes expectativas acerca de qué uso le darás a toda la información que te he ofrecido a lo largo de estos capítulos. Estos fueron concebidos desde la necesidad de ofrecer una serie de herramientas prácticas y funcionales a quienes tengan la intención de generar cambios estructurales en la cultura de sus compañías. Entender e interpretar la realidad que nos rodea es, como he referido en algunos fragmentos, una clave imprescindible. Después de todo, ¿quién quiere depender de elementos aleatorios como los que conforman la realidad empresarial y de los mercados? Como lector, puedes tener la certeza de que todos los temas y enfoques aquí señalados buscan motivarte a tomar acciones concretas e innovadoras para transformar las condiciones de tu organización.

Esta es la razón por la que he construido cada capítulo con recomendaciones prácticas en lugar de esas profundas disertaciones teóricas que pueden resultar pesadas y poco funcionales. Los ejemplos de Jeff Bezos (Amazon), Steve Job

(Apple), Larry Page/Serguéi Brin (Google) son representativos en muchos sentidos. Sea cual fuere la métrica que utilicemos para medir el éxito de estos cuatro individuos, la innovación siempre resalta como el instrumento definitivo que les diferenciaría del resto de empresas que luchaban alrededor para no sucumbir ante las sucesivas crisis económicas y dificultades externas. Siéntete orgulloso de ti mismo porque, al leer este libro, has dado un paso significativo hacia tu objetivo como líder o empresario.

A partir de ahora no solo entiendes con mayor claridad conceptos técnicos y enfoques propios de la innovación, sino que sabrás cómo implementarlo de forma efectiva durante tu transición. Te invito, pues, a que utilices estas páginas como un libro de cabecera durante las primeras etapas de activación de tu plan de acción. En determinado momento, te lo aseguro, no necesitarás más de este libro para seguir a tu ritmo mientras cambia la cultura en tu empresa.

¿Qué tal si hablamos de las conclusiones que pueden desprenderse de este libro?

1. Una primera gran conclusión consiste en afirmar que el sistema social y económico en el que desarrollamos nuestra actividad

comercial es profundamente variable, lo que supone un conjunto de riesgos y amenazas al óptimo desarrollo de una compañía. La única arma que tenemos para mitigar los efectos de esta variabilidad (y, en muchos casos, salir victoriosos del huracán) es la innovación. Cuando esta se instaura como cultura en nuestras organizaciones, entonces cada colaborador, independientemente de su posición, es un potencial aliado para la construcción de soluciones que nos diferencien del resto y nos permitan ganar incluso en el peor de los escenarios.

2. Otra conclusión importante parte del hecho de que las acciones generan cultura. Si bien lo discursivo es importante para que los miembros de una compañía interioricen tus deseos de cambiar algunos enfoques de la organización, nada es tan efectivo como una acción innovadora para que los paradigmas cambien por sí solos. Deshazte de esa equivocada creencia de que el mensaje genera cambios. El mensaje es un elemento más del proceso. Pero, en esencia, lo que realmente genera cultura de innovación es el cúmulo de acciones innovadoras que tomas en el camino.

Para terminar, una corta pero encantadora frase extraída del libro Siete estrategias para alcanzar la riqueza y la felicidad, del famoso orador Jim Rohn:

> En primer lugar, una hormiga nunca abandona. Si se dirige a un lugar determinado y si le pone un obstáculo, la hormiga intentará pasarlo escalándolo por encima, o excavando por abajo, o desviándose lateralmente. Si se le quita el obstáculo, la hormiga seguirá rápidamente. Y si de nuevo le pones otro obstáculo en su camino, la hormiga buscará la salida por arriba, por abajo o por los lados. ¿Cuánto tiempo seguirá intentándolo'? hasta la muerte. Una hormiga nunca abandonará.

Atrévete a dar ese primer paso en la búsqueda de fortalecer la cultura de tu empresa a través de la innovación sin duda será un camino con grandes aprendizajes.

Es todo.

Bibliografía

Domingo, Carlos (2013). *El viaje de la innovación*, Gestión 2000.

Kelly, Tom (2010). *Las 10 caras de la innovación*, Paldós.

Murcia Cabra, Héctor (2010). *Creatividad e innovación para el desarrollo empresarial*, Ediciones de la U.

McCraw, Thomas (1988). *Joseph Shumpeter, Innovación y destrucción*, Murmann-Verlag GmbH.

Cobo, Cristóbal (2016). *La innovación pendiente*, Penguin Randon House Grupo Editorial.

Brand, Richard (2011). *Un click, Jeff Bezos y el auge de Amazon*, Horus.

Molini, Eugenio (2012). *Innovación, personas e innovación*, Innobasque.

Ries, Eric (2012). *El método Startup, cómo crear empresas de éxito utilizando la innovación continua*, Deusto.

Koontz, Harold (2013). *Elementos de la administración*, McGraw-Hill Editores.

Charam, Ram (2008). *Liderazgo en tiempos de incertidumbre*, McGraw-Hill Editores.

Rohn, Jim (1985). *Siete estrategias para alcanzar la riqueza y la felicidad*, Máximo potencial Ediciones.

Gikandi, David (2008). *Un feliz bolsillo lleno de dinero*, Xlibris.

Ohmae, Kenichi (2004). *La mente del estratega*, McGraw-Hill Editores.

Borginho, Mario (2019). *El arte de innovar para no morir*, Penguin Random House Grupo Editorial.

González, Javier (2009). *5 claves para innovar*, Bubok Publishing.

Mesaglio, M (Octubre, 2018). *10 culture hacks for digital transformation*. www.gartner.com. gartner.com/smarterwithgartner/10-culture-hacks-for-digital-transformation/

Mesaglio, M (Octubre, 2018). *The art of culture hacking*. www.gartner.com. gartner.com/smarterwithgartner/theartofcultureh acking/

Varios autores (Enero, 2018). *52 hacks for innovation oriented organizations.* www.boardofinnovation.com. boardofinnovation.com/tools/52hacks